주여,
지혜를
가르치소서

지혜로운 아내, 세워 주는 어머니

네비게이토 선교회는
국제적이며 복음적인 기독교 기관이다.
예수 그리스도께서는 자기를 따르는 자들에게
"너희는 가서 모든 족속으로 제자를 삼으라"
(마태복음 28:19)는 지상사명을 주셨다.
네비게이토 선교회는 세계 모든 국가에서
예수 그리스도의 일꾼들을 배가시켜
이 지상사명을 성취하는 일을 돕는 것을
근본 목표로 하고 있다.

네비게이토 출판사는
네비게이토 선교회의 문서 선교를 담당하고 있다.
본 출판사에서는 그리스도인의 영적 성장을 돕는
서적과 자료들을 출판하여,
그리스도인의 삶의 기초가 견고한
헌신된 제자로 성장하고,
나아가 성숙한 인격과 지도력을 갖춘
일꾼이 되도록 돕고 있다.

Translated by permission
Original language title: **LORD, TEACH ME WISDOM**
by NavPress, A ministry of The Navigators, USA
ⓒ 1979 by The Navigators
Korean Copyright ⓒ 1984 by Korea NavPress

주여,
지혜를
가르치소서

지혜로운 아내, 세워 주는 어머니

지금은 하나님과 함께 있는 디모엔에게

그리고, 지혜롭고 헌신된 모든 자매들에게

남편이나 자녀들을 통해서가 아니라
자신의 희생적인 삶을 통해서
자신을 완성해 가는 여인들에게

진실로 다른 사람을 세워 주는
불후의 삶을 살아가는 여인들에게

저자 소개

캐롤 메이홀 여사는 베스트셀러인 말: 해가 되는 말, 덕이 되는 말(1988, 네비게이토 출판사)의 저자입니다.

저자는 평생 동안 주님과 긴밀히 동행해 온 주님의 제자요, 전임사역자의 아내요, 자녀를 선교사로 키운 어머니요, 여성들을 대상으로 일대일 제자 훈련을 해온 주님의 일꾼이요, 세계 곳곳의 수양회에서 말씀을 전하는 연사요, 많은 책을 저술한 작가이기도 합니다.

저자는 우리와 같은 평범한 사람입니다. 비록 살아가는 처지는 다르지만, 매일 매일 살아가는 삶의 모습은 보통 사람들과 다를 바가 없습니다. 그러나 저자는 그 평범한 삶을 통해 비범하신 주님의 지혜를 배우기를 구했고, 그 결과 지혜로운 여인이 되었습니다. 저자는 지금도 지혜를 가르쳐 달라고 주님께 간구합니다.

저자의 다른 저서들을 소개하면 다음과 같습니다.

한 여인이 걸어온 제자의 길(1986)
사랑 그 이상의 결혼(1987)
잠잠하라 고요하라(1988)
차고 넘치는 삶(1988)
주여, 이 아픔을(1990)

우리 부부는 너무 달라요(1993)
하나님의 속삭임(1996)
주님과 동행하는 기쁨(2000)
늘 새롭게 하시는 주님(2001)

차례

기도로 시작된 탐구　11

제 1 부　지혜에 이르는 길
　　　　1. 지혜와 지식　19
　　　　2. 지혜+지식=이해(명철)　27
　　　　3. 지혜의 하나님을 알아 감　35
　　　　4. 지혜를 얻음　41
　　　　5. 들음-지혜를 위한 선행 조건　45
　　　　6. 경건한 지혜의 특성　55
　　　　7. 지혜의 결과　67

제 2 부　아내를 위한 지혜
　　　　8. 하나님의 부르심　75
　　　　9. 남편의 면류관　81
　　　　10. 남편과 함께 성장함　89
　　　　11. 남편을 알아 감　97
　　　　12. 남편을 귀하게 여김　107
　　　　13. 남편을 즐거워함　113

제 3 부   어머니를 위한 지혜
- 14. 모본을 통해 세워 줌   127
- 15. 가르침으로 세워 줌   133
- 16. 용기 있는 훈련   143
- 17. 순결과 경건   149
- 18. 가장 귀중한 유산   155

제 4 부   지혜로운 여인은 세웁니다
- 19. 우리 삶의 목표   167
- 20. 범사에 감사하는 생활   175
- 21. 건축가와 기초   181
- 22. 모든 것을 덮어 주는 사랑의 지붕   189

후기 : 이 책을 적용하는 방법   195

기도로 시작된 탐구

 전화벨 소리가 재촉하듯 울렸습니다. 나는 진흙 범벅이 된 손에 모종삽을 든 채 마당에서 급히 안으로 뛰어 들어갔습니다. 여동생의 떨리는 목소리가 멀리서 들려왔습니다.

"막 의사한테 다녀왔어. 언니도 알겠지만, 몇 주 동안 머리와 가슴에 통증이 있었는데, 의사는 아무런 이상한 증상도 발견할 수 없었잖아. 근데 오늘은 목에 난 부스럼이 하도 마음에 걸려 병원에 가서 진찰을 받았는데, 의사 선생님이 엑스레이를 찍어 보더니 한 전문의에게 나를 보내는 거야. 그 전문의는 진찰을 마친 후 나더러 즉시 입원하라고 했어. 병이 심각하다고 생각하는 것 같아."

나는 수화기를 움켜잡고 마루에 풀썩 주저앉아 허탈한 감정을 억누르려고 애썼습니다. "심각하다니, 그게 무슨 말이니?"

"의사는 바로 말해 주려고 하진 않았어. 즉시 입원하라는 충고와 '아주 심각하다'는 말만 했어. 난 당장 입원할 수는 없다고 했어. 마무리해야 할 일들이 너무 많아서. 아파트 이층을 다시 꾸며야 되고, 안방도 어수선하고, 그리고…."

"얘, 조이야!" 난 눈물로 목이 메었습니다. "그런 일들은 중요한 게 못 되잖니. 의사 선생님 말씀대로 하고 무슨 병인지를 알아보자."

이때가 1977년 6월 어느 오후였습니다. 수화기를 놓고 나자 갑작스런 두려움이 마음의 평안을 온통 깨버렸습니다. "주님, 제 여동생은 안 됩니다. 주님께서는 바로 두 달 전에 어머니를 데려가시지 않았습니까? 또 조이는 그토록 명랑하고 사랑스런 아내요, 엄마입니다. 우리는 조이가 꼭 필요합니다. 조이는 영적으로 성숙해 가고 있고, 전심으로 주님을 섬기고 있습니다. 주님, 제발 조이만은 데려가지 마십시오."

그 후 4일간은 검사에 검사가 거듭된 악몽의 시간이었습니다. 우리는 마음 졸이며 하루 두 차례씩 전화 통화를 했습니다. 조이는 인디애나의 한 병원에 입원해 있었지만, 나는 검사가 완료될 때까지는 조이를 도와줄 수 있는 아무런 방도를 찾지 못한 채, 콜로라도에 있는 집에 머물러 있어야 했습니다. 며칠간을 나는 눈물로 보냈으며, 남편은 나를 위로하느라 많은 시간을 보내야 했습니다. 나는 조이가 생체 조직 검사를 받게 되는 그 다음 날에 조이를 만나 볼 양으로 비행기표를 예약했습니다.

마침내 진단이 나왔습니다. 암이었습니다! 성인들에게는 희귀한 급성 임파성 백혈병이었습니다. 아버지께서도 동일한 진단을 받았었는데, 진단을 받고 나서 불과 6일 만에 57세로 세상을 떠나셨습니다. 아, 조이마저 암이라니! 이 엄연한 현실은 내게서 마지막 남은 자제력까지도 앗아 가 버렸습니다. 나는 물리칠 수 없는 두려움과 고통의 급류에 휩싸였습니다.

내가 할 수 있는 게 아무것도 없었습니다. 온 몸에서 힘이 쭉 빠져나갔습니다. 몹시 불안하고 초조했습니다. 울음이 북받쳐 올라 말도 제대로 할 수 없었습니다. 크리스마스도, 블루베리 잼도, 집에서 만든 피클도, 그리고 골동품도… 동생과 깊은 연관들이 있었던 이 모든 것들을 이제는 생각할 수도 없었습니다. 다음날이면, 동생을 **도와주기** 위해 동생에게 가기로 되어 있었습니다. 내 형편으로 어떻게 동생을 도와준단 말인가?

포근한 밤이었습니다. 나는 이층에 있는 좁은 베란다로 나가 있는 힘을 다해 도우심을 간청했습니다.

"주님, 저를 도와주십시오. 제겐 다른 어느 때보다도 지금 가장 주님이 필요합니다. 주님의 능력이 필요합니다. 주님의 은혜가 필요합니다. 주님의 위로가 필요합니다. 주님은 제가 약할 때 저의 힘이 되신다고 약속하셨습니다. 지금 그 약속을 주장합니다." 쏟아지던 말들이 갑자기 눈물과 함께 증발해 버렸습니다. 나는 침대로 가서 잠이 들었습니다.

다음날 아침 나는 비행기로 인디애나에 갔습니다. 그런데 이상한 일이었습니다! 어제와는 달리 마음이 조금도 불안하지 않고 평안했습니다. 불안 대신에 하나님의 능력이, 근심 대신에 위로와 은혜가 있었습니다.

병실에 들어서니, 조이는 사색이 된 얼굴에 땀을 흘리고 있었습니다. 고통에 지쳐 감겨 있는 조이의 눈언저리에는 검푸른 눈곱이 끼어 있었습니다. 생체 조직 검사를 마친 조이의 목둘레엔 흰 붕대가 감겨 있었습니다. 전날만 해도 울음을 터뜨리고 말았을 텐데, 이 날만큼은 큰 위로의 힘을 느꼈습니다. 그것은 확실히 내게서 나오는 힘은 아니었습니다.

그 주간 내내, 심지어 조이가 참을 수 없이 고통스러운 척수천자(절개하여 고름 따위를 뽑아 냄)를 받는 동안 양손을 붙들어 주고 있을 때조차도, 내 마음은 초자연적으로, 형언할 수 없으리만큼 평온했습니다.

조이와, 조이가 깨어 있던 모든 순간을 함께했던 우리 모두—조이의 남편 프레드와 딸 멜로디, 그리고 나 자신—에게 넘치는 풍성한 은혜가 있었습니다. 그것은 작은 은혜가 아니었습니다. 몇 날 동안의 고통을 "겨우 견디어 낼" 만큼의 은혜가 아니었습니다. 그것은 넉넉히 이기는, 충만하고 영광스러운 은혜요, 기뻐서 어쩔 줄 모르는 그러한 은혜였습니다. 평안이 가득한, 영광의 한 주간이었습니다. 하나님의 능력으로 우리 마음은 찬양이 흘러넘쳤습니다. 우리 마음속에 기적이 일어났던 한 주간이었습니다.

매년 휘튼 대학에서는 총장인 레이몬드 에드먼 박사가 "근근이가 아니라, 넉넉히"라는 주제로 설교를 하곤 했습니다. 나는 그 주간 동안 이것에 대해 여러 번 생각하게 되었습니다. 왜냐하면 하나님께서 과연 근근이가 아니라 넉넉히 은혜를 베풀어 주셨기 때문입니다.

하루 저녁은, 잔이라는 간호대 4학년 학생이 조이의 병실에 들어왔습니다. 그 학생은 조이에게 진단 결과를 듣고 어떤 느낌이 들었느냐고 조심스럽게 물었습니다. 잔은 두 주간에 걸쳐 "스트레스"에 관한 과정을 밟고 있던 차였습니다. 그녀가 하는 일이란 불치병 환자들을 상대로 면담하는 것이었습니다. 그들의 두려움과 분노를 "들어줌"으로써 그들을 도와주려는 것이었습니다.

방안의 불빛이 조이의 창백한 얼굴을 비추고 있었습니다. "잔, 난 죽음이 두렵지 않아요. 물론 그 과정과 고통이 조금 두렵긴 하지만 말이에요. 내겐 죽음이란 거주지를 옮기는 것에 지나지 않아요. 난 예수 그리스도를 내 삶 속에 모셔 들였고 그분의 용서를 경험했답니다. 따라서 죽은 후에는 하늘나라에 가서 영원히 하나님과 함께할 것이라는 분명한 확신이 있어요."

다음 45분 동안 조이는 잔에게 예수님에 대해 이야기해 주면서, "십자가의 도"를 분명하게 전해 주었습니다. 잔은 방을 나서면서 다음과 같이 말했습니다. "도와 드리러 왔다가 오히려 제가 큰 도움을 받았습니다. 당신과는 달리 자기 병에 붙들려 너무 매달리는 사람들에게 들려줄 수 있는 교훈을 몇 가지 배웠어요. 정말 고마워요."

조이가 자신의 신앙을 잔과 나누는 것을 듣고 있을 때, 시편 90:12 말씀이 번뜩 떠올랐습니다. "우리에게 우리 날 계수함을 가르치사 지혜의 마음을 얻게 하소서."

"주님, 주님께서는 조이에게 '지혜의 마음'을 주셨습니다. 저는 그것을 보고 있습니다… 느끼고 있습니다… 알고 있습니다. 주님께 감사를 드립니다. 조이는 지혜롭습니다. 주님을 직접 뵈옵는 날엔 지혜로 충만한 그 마음을 바칠 것입니다.

"주님, 이것이야말로 바로 제가 전심으로 바라는 바입니다. 많건 적건, 나의 날 계수함을 저에게 가르쳐 주시고, 생명이 다하는 날 주님께 **지혜의 마음을 바치게 하옵소서!**"

숱한 상념들이 몰려들었다가는 서로 부딪치고 흩어지면서, 내 마음속에 뒤섞였습니다. 내 기도의 참뜻은 무엇인가? 지혜란 과연 무엇이며, 어떻게 얻을 수 있는 것인가? 그것은 생이 끝나는 날에나 얻을 수 있는 것인가, 아니면 매일 계속되는 삶의 과정을 통해서 조금씩 배우게 되는 것인가? 그러한 지혜는 다른 사람에게 가르칠 수 있는 것인가, 아니면 우리 모두가 스스로 배워야 하며 개인적으로 하나님께 가르침을 받아야만 하는 것인가? 만일 하나님께서 내 삶 속에 지혜를 갖춰 주신다면 주위 사람들에 대한 나의 책임은 무엇인가? 나는 그동안 지혜에 대한 공부를 가끔씩 해왔지만, 이 새로운 질문들에 대한 해답을 알지 못하고 있었습니다. 나는 그 답을 찾아보기로 결심했습니다.

제1부

지혜에 이르는 길

1. 지혜와 지식

"주님, 도와주십시오. 이제 어떻게 해야 할까요?" 기도를 드렸습니다. 이틀 후면 조이의 담당의사가 한 치료 과정에 착수하기로 되어 있었는데, 그 치료는 일단 시작되면 다시 돌이킬 수 없는 것이었습니다. 이 치료를 받는 것이 과연 옳을까?

백혈병 전문의인, 조이의 의사는 조이와 똑같은 병을 가졌던 사람이라고는 단지 성인 환자 한 명을 치료해 본 적이 있다고 솔직하게 말해 주었습니다. 우리는 근본적으로 다른 치료법을 주장하는 또 다른 전문의의 의견도 들었습니다.

결정을 내려야 할 시간은 코앞에 닥쳐왔습니다. 우리는 서로 상충하는 두 가지 조언을 받았습니다. 조이를 담당의사의 손에 맡기자는 의견과 즉시 타 지역 암 병원으로 옮기자는 의견이었습니다. 우리 모두는 스스로의 감정에 휘말려 객관성을 잃고 도무지 침착할 수가 없었습니다.

어찌할 바를 모르는 가운데, 그래도 무엇이든—어떤 것이라도—하긴 해야 할 것 같았습니다. 나는 네 명의 그리스도인 의사 친구에게 전화로 문의를 했습니다. "당신의 조언이 필요합니다. 먼저는 그리스도인으로서, 다음엔 남편으로서, 끝으로 의사의 입장에서 말해 주십시오. 만일 당신의 아내가 급성 임파성 백혈병에 걸려 있다면, 어떤 치료 과정을 택하시겠습니까?"

나의 아버지께서도 20년 전 백혈병으로 돌아가셨기 때문에, 나는 그동안 이 방면에 대해 공부를 많이 해왔으며 지식도 꽤 얻었습니다. 그러나 알아야 할 것이 아직도 너무나 많이 있었습니다. 치료 방법도 이 병을 치료하는 병원 수만큼이나 많았습니다. 한 유명 병원에서는 새로운 실험 의약을 대량 투약함으로써 병을 퇴치하려 합니다. 다른 곳에서는 이와 동일한 치료법을 좀 긴 기간에 걸쳐서 부분적으로 확대 적용합니다. 어떤 이론은 쇠퇴기 동안 백혈병 세포들이 뇌 속에 잠입해 있기 때문에 그 암세포를 죽이기 위해 뇌에다 방사선을 쪼여야 한다고 주장합니다. 또 다른 이론은 이 치료법이 성인들에겐 더 이상 적절하지 못하다고 말합니다. 이처럼 상이한 많은 의견들은 오히려 혼란만 가져다주었습니다.

친구 의사들은 관심을 가지고 후원해 주었습니다. 넷 중에서 셋은, 가까이서 치료를 받도록 환자를 집에 있게 하겠다고 했습니다. 최종 결정은 물론 프레드와 조이에게 달려 있었습니다.

당시에 이 병에 대한 의학 지식의 부족으로 우리는 좌절감을 느꼈습니다. 정확한 지식이 없이 뭔가 할 바를 결정한다는 것은 인간의 역량 밖의 일이었습니다.

지혜에 선행해서 지식이 있어야 합니다. 적절한 행동 과정을 취할 수 있기(지혜) 이전에 어떤 것에 대해 아는 것(지식)이 필요합니다. 사전에 보면, 지식은 "어떤 대상에 대하여 배우거나 실천을 통하여 알게 된 명확한 인식이나 이해. 알고 있는 내용이나 사물"이라고 되어 있습니다. 그리고 지혜는 "내적 특성과 관계들을 분별할 수 있는 능력, 통찰력; 훌륭한 지각, 판단력"이라 풀이하고 있습니다.

하나님께서 솔로몬에게 나타나셔서 "내가 네게 무엇을 줄꼬? 너는 구하라"(역대하 1:7)고 하셨을 때, 솔로몬은 지혜와 지식을 둘 다 구하였습니다. "주는 이제 내게 지혜와 지식을 주사 이 백성 앞에서 출입하게 하옵소서. 이렇게 많은 주의 백성을 누가 능히 재판하리이까?"(역대하 1:10). 솔로몬은 하나님의 백성을 재판할 수 있는 지혜와 지식을 구하였습니다. 하나님께서는 이런 솔로몬을 칭찬하셨습니다. 실로 하나님께서는 그의 선택에 대해 높이 평가하셔서, 지혜와 지식뿐 아니라, 구하지도 않은 부와 존영까지 주겠다고 하셨습니다(역대하 1:12).

이 아름다운 기사 속에서, 우리는 지혜와 지식이 이해력 및 분별력과 밀접하게 연관되어 있음을 발견하게 됩니다. 열왕기상 3장에 기록되어 있는 동일한 이야기에서도, 솔로몬은 백성을 재판할 "지혜로운 마음"을 구했습니다(9절). 하나님께서는 솔로몬이 "송사를 듣고 분별하는 지혜"를 구하였기 때문에 "지혜롭고 총명한 마음"을 주겠다고 하셨습니다(11-12절).

우리에게 필요했던 분별력은 어떤 치료 과정이 조이에게 가장 좋을 것인지를 결정하는 것이었습니다. 이 희귀한 암에 대한 인간의 지식은 극히 제한되어 있지만 하나님의 지혜와 지식은 무궁무진합니다! 하나님께서는 가까이 있는 의사를 선택하도록 프레드와 조이를 인도하셨습니다. 성인 환자 한 명밖에 치료해 본 적이 없다는 그 의사에게 치료받도록 말입니다. 프레드와 조이는 다른 친지들과 더불어 이 의사가 **조이에게 가장 적절한 치료법을 사용할 수 있는 지혜를 얻게 되도록** 기도하였습니다. 과연 우리는 하나님께서 기적적으로 담당의사를 인도하심을 보았습니다. 한 가지만 말해 보겠습니다.

조이는 허약했을 뿐만 아니라 잦은 주사와 혈액검사, 생체검사 등에서 오는 고통으로 과민이 되어 있었습니다. 그렇지만 경과를 알아보기 위해 한 번 더 골수검사를 받아야 했으며 게다가 처음으로 화학요법제 주사를 맞아야 했습니다. 이것들은 둘 다 마취 없이 행해지는 엄청난 고통이 따르는 과정이었습니다. 일주일 전부터 우리는 조이를 두려움에서 건져 주시고 조이에게 힘을 주시도록 기도하였습니다. 하나님께서는 우리의 기도 이상으로 역사해 주셨습니다!

화요일 아침, 조이가 골수검사를 받는 동안 두 간호사가 조이를 붙잡아 주려고 의사 곁에 섰습니다. 그러나 그럴 필요가 없었습니다. 사실, 주사 바늘이 가슴뼈의 골수를 뚫고 들어갈 때 조이는 "전신이 빨려 드는 듯한 느낌"이 들기 십상이었습니다. 그러나 하나님이 붙들어 주시고 보호해 주셔서 조이는 **전혀** 고통이 없었을 뿐더러 바늘이 골수에 들어가는 것조차도 느끼지 못할 정도였습니다. 바늘이 제대로 들어갔는지 확인해 보기 위해 의사가 바늘 끝을 움직여 볼 정도였습니다!

네 주에 걸쳐서 맞아야 되는 주사 중 첫 번째 척추 주사를 놓았을 때에도 하나님께서 고통을 막아 주셨습니다.

우리는 하나님께서 무엇이든지 하실 수 있다는 것을 보고는 감격하며 감사치 않을 수가 없었습니다. 그 다음 주에도 우리는 다시금 고통을 막아 주시도록 기도했습니다. 그러나 이번에는 하나님께서 그렇게 하지 않으셨습니다. 이번에는 의사가 세 번이나 시도한 후에야 비로소 바늘이 겨우 들어갔으니 말입니다. 이 때문에 조이는 큰 어려움을 겪게 되었습니다.

"왜 그렇지요, 주님?" 나는 의문을 제기했습니다. "주님께서는 주님의 자녀에게 좋은 선물만을 주십니다. 지난주에 주신 선물은 좋은 줄을 알겠는데, 이번에 주신 것도 좋은 선물이라고 할 수 있을까요?"

우리는 시련을 겪을 때 품게 되는 "의문들"에 대해 하나님께서 항상 답해 주시지는 않는다는 것을 배워서 알고 있습니다. 시간이 지나 우리가 하나님의 뜻을 더 잘 알게 됨으로써 **다른** 측면에서 해결될 의문들도 있습니다. 그렇지만 이번에 하나님께서는 자기가 행하고자 하시는 일에 대해서 적어도 그 희미한 빛을 볼 수 있게 해주셨습니다. 이날 담당의사는 남아 있던 두 차례의 주사를 취소하기로 했습니다. 우리는 두 번째 주사시의 어려움 때문에 이렇게 결정한 줄로 알았습니다.

이것은 조이를 효과적으로 치료할 수 있도록 하나님께서 그 의사에게 주신 지혜의 일환이었습니다. 이 점은 당시에도 알 수 있었지만, 지금 회고해 보면 더욱 분명해집니다. 조이는 몇 년이 걸리는, 어려운 쇠퇴기를 거쳐야 했기 때문에 네 차례의 투약은 조이에게 과다했던 것입니다.

지금까지 살아오면서 야고보서 1:5의 약속에 매달리던 때가 여러 번 있었습니다. "너희 중에 누구든지 지혜가 부족하거든 모든 사람에게 후히 주시고 꾸짖지 아니하시는 하나님께 구하라. 그리하면 주시리라." 나는 나의 간구를 들어 응답해 주시는 하나님의 방법에 대해 감사하고 있습니다. 나의 지혜는 아무리 뛰어난다 할지라도 아주 보잘것없는 것입니다. 매일, 매순간 주님의 지혜가 필요합니다.

한편, 하나님께서는 우리의 지식을 늘려 지혜를 얻으라고 말씀하십니다. 솔로몬은, "지혜 있는 자는 듣고 학식이 더할 것이요, 명철한 자는 모략을 얻을 것이라"(잠언 1:5)고 말했습니다. 우리는 부지런히 지식을 구해야 합니다.

> 내 아들아, 네가 만일 나의 말을 받으며,
> 나의 계명을 네게 간직하며,
> 네 귀를 지혜에 기울이며,
> 네 마음을 명철에 두며,
> 지식을 불러 구하며,
> 명철을 얻으려 소리를 높이며,
> 은을 구하는 것같이 그것을 구하며,
> 감추인 보배를 찾는 것같이 그것을 찾으면,

여호와 경외하기를 깨달으며,
하나님을 알게 되리니,
대저 여호와는 지혜를 주시며,
지식과 명철을 그 입에서 내심이며.
(잠언 2:1-6)

여기에서 활동적인 동사들을 유의해 보십시오. 받다, 간직하다, 기울이다, 두다, 부르다, 구하다, 찾다. 우리는 지혜를 추구하며 지식을 찾아야 합니다. 그러나 지혜와 지식은 물론, 그것을 찾는 것까지도 모두가 **하나님 자신** 안에 감춰져 있습니다. 지혜를 탐구하는 것은 우리이지만, 그것을 주시는 분은 주님이십니다(6절). 우리는 그것을 불러 구하여야 합니다. 그러나 주님을 경외하는 것이야말로 지혜와 지식의 근본입니다(잠언 1:7).

지혜 없이도 지식을 가질 수 있습니다. 그러나 지식만으로는 충분치 못합니다. 사실상 지식 자체만으로는 해로울 수가 있습니다. 바울은 "지식은 교만하게 한다"고 말했습니다(고린도전서 8:1). 그렇지만 위의 잠언 말씀은 지혜의 필요조건 가운데 하나가 행동의 기반이 되는 지식이라고 말해 주고 있습니다. 그러므로 나는 지성이 아니라, 지혜를 위해서 지식을 추구해야 합니다.

이러한 관찰은 많은 도움이 되었습니다. 여동생을 위해 우리는 결정에 앞서 며칠 안 되는 짧은 기간 동안에 가능한 한 온갖 지식을 다 모아들였습니다. 그리고 나서 그 제한된 지식을 바탕으로 해서 올바르게 선택하고 행동할 수 있는 지혜를 주시도록 기도하였습니다.

하나님의 지혜에 대한 나의 탐구는 부분적으로 과거와 현재에 걸쳐 역사하시는 하나님에 대한 보다 풍부한 **지식**—하나님은 누구시며, 어디에서, 무엇을, 어떻게 이루시는 분인가—을 추구하는 것이 됩니다. 이것은 곧 주님의 말씀 안에서 주님과 함께 시간을 보내는 가운데, 감추어진 보화를 찾듯이 주님을 구하며, 마음을 다하여 주님을 바라보는 것을 의미합니다.

> 아버지 하나님, 저는 주님의 도우심을 필요로 합니다.
> 저에게 주님을 아는 마음을…
> 주님을 찾는 습관을…
> 주님의 모든 말씀에 대한 갈망을 주시옵소서.
> 주님께 감사드립니다.

2. 지혜＋지식 ＝이해(명철)

나는 힘이 쭉 빠지는 것 같았습니다. 평안은 고통의 지평선 너머로 아스라이 사라져 가기 시작했습니다. 처음 몇 주 동안 하나님께서는 조이의 병을 잘 이겨 낼 수 있도록 은혜를 한 아름 안겨 주셨습니다. 그런데 오늘, 잠에서 깨어났을 때 다시금 두려움과 무력감이 엄습해 오며 눈물이 쏟아지려고 했습니다. 나는 이제 한 아름 되는 은혜를 끝까지 다 소모해 버렸습니다. 어떻게 해야 되나? 앞으론 어떻게 지탱해 나간단 말인가?

그때 "내가 매일 너를 도우리라"는 말씀이 떠올랐습니다.

하나님의 은혜는 다 소모된 것이 아니었습니다. 하나님의 은혜는 측량할 수가 없습니다. 다함이 없습니다. 지난 몇 주 동안 나는 하나님의 은혜를 얻기 위해 계속적으로 부르짖을 수 있는 시간도 여력도 없었습니다. 하나님께서는 이것을 아시고 나에게 한꺼번에 풍성하게 공급해 주셨습니다. 그러나 이제 하나님께서는 나에게 순간순간 긴밀하게 의뢰하기를 원하셨습니다. 그분은 아낌없이 주시고 또 주시고 하기 위해 내가 계속 간구하길 원하셨습니다. 하나님을 의뢰하고 평안과 기쁨과 평온 가운데 거할 수 있는 은혜를 간구하지 않으면, 나는 연약한 가운데 있을 수밖에 없습니다.

나는 기도했습니다. "오 주님, 한 아름 주신 은혜를 감사드립니다. 또한 항상 충분하게, 매일 같이 베풀어 주시는 은혜에 대해서 감사를 드립니다. 아멘."

이것은 새로운 깨달음이요 이해였습니다. 대스승이신 주님으로부터 받은 신선한 교훈이었습니다. 나는 감사치 않을 수 없었습니다. 이해라고 하는 것은 우리가 평생 밟아야 할 과정입니다. 주님께서는 우리에게 이 과정이 필요하다는 사실을 잘 알고 계십니다. 하나님께서는 잊을 수 없는 많은 사건들을 통해 우리에게 이해에 대해서 가르쳐 주십니다.

한번은 친구 루이의 아름다운 별장에서 며칠간 공부도 하며 휴식을 즐기고 있었습니다. 별장에는 새로운 전기 레인지가 있었는데 사용법이 익숙지 못했습니다. 팝콘을 튀기려고 레인지 위에 프라이팬을 올려놓고 기름을 붓고는 스위치를 켠 다음 우리 것처럼 달궈지는 데 시간이 많이 걸리는 줄 알고 남편에게 할 말이 있어 거실로 갔습니다. 아주 잠깐 동안이었습니다. 그러나 부엌에 돌아왔을 때 기름에 불이 붙어 불꽃을 내며 타고 있었고, 프라이팬 뚜껑에도 불이 붙어 있었습니다. 나는 비명을 지르다시피 소리쳐 남편을 부르며 프라이팬과 수건을 향해 동시에 손을 뻗쳤습니다. 급히 프라이팬을 싱크대로 옮겨 놓고 불붙은 뚜껑을 정신없이 수건으로 내리치고 있을 때 남편이 부엌으로 달려와 도와주었습니다. 불은 곧 꺼졌지만 문제가 생겼습니다. 아름답던 프라이팬 뚜껑이 그 아름다움을 잃고 까맣게 그을리고 말았습니다. 천장도 그을음 때문에 우중충한 색깔로 바뀌었습니다.

다음날 아침 천장과 벽을 닦으려 애를 썼지만 닦아 낸 자국만 남길 뿐이었습니다. 그을음이 도무지 없어지질 않았습니다. 친구인 루이에게 전화로 이 일을 얘기했습니다. 나는 실망이 되었고 더군다나 우리 집 부엌에서 일어난 일도 아니어서 더욱 마음이 언짢았습니다.

그러나 루이의 명랑한 목소리가 마음에 위안을 주었습니다. 루이는 오히려 동정을 해주었습니다. 나는 즉시 그 자리에서 이렇게 좋은 그리스도인 친구들을 주신 하나님께 감사했습니다. 루이와 루이의 남편은 우리 입장에 서서 우리를 진정으로 이해해 주었습니다.

그러나 다음 이틀을 머무는 동안에도 내 눈과 생각은 그 검게 그을린 프라이팬 뚜껑에 가 있었고, 마음에 실망도 되었습니다. 우리를 믿고 빌려 준 사람의 재산에 손상을 입혔기 때문입니다.

후에 나는 구약의 한 기사를 읽고 아주 공감했습니다. 한 학생이 도끼를 빌려다가 기숙사를 지을 나무를 찍고 있었는데, 열심히 도끼질을 하던 중에 도끼의 머리가 자루에서 빠져 강 한복판에 퐁당 빠져 버렸습니다. 그는 도끼를 살 돈이 없었기 때문에 겁이 더럭 났습니다. 그는 근처에 있던 선생님에게 달려가 자초지종을 이야기했습니다.

선생님은 조금도 동요하지 않았습니다. "어디서 잃어 버렸지?" 학생은 도끼가 떨어진 장소를 가리켰습니다. 그러자 선생님은 이상한 행동을 했습니다. 나뭇가지 하나를 꺾어 물 속에 던지는 것이었습니다. 아마 학생은 '그게 무슨 소용이 있담?' 하고 생각했을지도 모르겠습니다.

도끼 머리가 물 속에서 불쑥 나와서 그 나뭇가지 옆에 떠올랐을 때 학생은 얼마나 놀랐을까 상상해 보십시오!

"꼭 잡아!" 선생님이 말했습니다. 학생은 그대로 했을 것입니다(열왕기하 6:1-7).

나는 이 이적을 행하도록 하나님께서 엘리사(선생님)를 사용하신 모습을 보면서 경탄해 마지않았습니다. 우리들의 삶에 전개되는 "작은 일들"에까지 관심을 두실 만큼 우리 하나님은 크십니다. 죽은 사람을 살리시고, 문둥병자를 고치시며, 전쟁에서 이기시는 가운데서도(열왕기하 4-6장), 하나님께서는 빌려 온 도끼와 같은 작은 일들에 이르기까지 우리의 관심사를 이해해 주시는 분이라는 것을 잘 보여 주셨습니다.

성경 전체에 걸쳐서 지혜의 하나님은 우리를 완전히 이해하시는 분으로 나타나 있습니다. 하나님은 우리의 연약함을 체휼하시고(히브리서 4:15), 자비로우시며, 신실하십니다(히브리서 2:17-18). 주님은 우리 중 하나와 같이 되셨기 때문에 우리 입장에 서서 우리를 이해하실 수 있습니다.

나를 완전히 이해하시는 하나님을 바라볼 때 나는 그분을 경배하게 됩니다.

그러나 나는 나 자신을 바라보기 일쑤입니다. 나 자신을 바라볼 때는 실망이 큽니다. 나는 사람들과 주위 상황들, 그리고 영적인 진리들을 이해하지 못할 때가 많습니다. 그래서 마음속에 의문이 끊일 새가 없습니다. 나는 어떻게 친구 루이와 같이, 아니 그 이상으로, 하나님같이 이해하는 사람이 될 수 있을까?

이에 답하기 전에 먼저 이해가 무엇인지 알아봐야 하겠습니다.

이해한다는 것은 "어떤 것의 의미나 이치를 파악하는 것" 또는 "어떤 것에 대하여 공감하고 관용하는 태도를 보이는 것"을 뜻합니다. 내가 정의를 내린다면, "자신을 다른 사람의 입장에 둘 수 있는 능력"이라 할 수 있겠습니다.

두터운 구름 사이로 해가 얼굴을 내밀었습니다. 자동적으로 나는 의자 밑에 둔 핸드백 속의 선글라스를 꺼내려고 손을 뻗쳤습니다. 그런데 핸드백이 손에 잡히지 않았습니다. 아니, 어디 갔지?

나는 열심히 발밑을 찾아보았지만 도무지 보이질 않자 몹시 당황이 되었습니다. 우리는 일주일간의 휴가를 마치고 집으로 돌아가는 중이었습니다. "여보! 핸드백이 없어졌어요!" 나는 절망적으로 외치듯 말했습니다.

남편은 급히 길옆에 차를 붙여 놓고, 나와 함께 차를 샅샅이 뒤지기 시작했습니다. "이것 큰일인데! 현금은 얼마 안 되지만 그 많은 신용카드에, 열쇠며, 운전면허증이며…." 나는 고민이 되었습니다.

"점심 식사를 한 식당에 두고 왔나 봐요." 나는 짐작으로 말했습니다. "이런 바보 같은 짓을!" 나는 자신을 꾸짖었습니다.

남편은 "맞아. 바보 같은 짓이고말고. 어떻게 핸드백을 깜빡했소? 그 중요한 것을 왜 조심하지 않았느냐 말이요!"라고 말하지 않았습니다. 그 대신 "저런, 지금 당신 기분을 내 충분히 알겠구려"라고 말하는 것이었습니다.

우리는 주간(州間) 고속도로를 달려 첫 번째 주유소 앞에서 차를 세웠습니다. 이 경우에, 차 안에 축 늘어져서 "자, 서둘러서 빨리 전화해 봐. 하루 종일 걸리겠구먼!" 하고 말할 남편들도 혹 있을지 모릅니다.

남편은 잠자코 요금을 지불하고 그 식당으로 **손수** 전화를 걸었습니다. 그곳엔 핸드백이 없었습니다.

집을 향해 다시 차를 몰면서, 우리는 핸드백을 위해 함께 기도했습니다. 전에 딸아이 린이 톱밥 속에 콘택트렌즈를 분실하였을 때에도 그것을 찾을 수 있도록 하나님께서 도와주신 일이 있었습니다. 지금까지 늘 하나님께서는 우리의 소유물을 돌봐 주시고 우리의 안전을 지켜 주셨습니다. 그래서 이번에도 하나님께서 그 핸드백을 지켜 주실 수 있다는 것을 알았습니다.

어떤 남편은 다음과 같이 지시를 했을지도 모르겠습니다. "집에 도착하는 대로 곧 신용카드 회사에 전화를 걸어야 할 게요. 내일은 열쇠 수리하는 사람을 부르고." 그러나 남편은 "여보, 당신을 사랑하오. 핸드백은 곧 찾게 될 거요" 하고 말해 주었습니다.

집에 도착하자마자, 남편은 우리가 들렀던 휴게소에 전화를 했습니다. 그러고는 신용카드 회사에 연락하기 전에 한 번 더 식당에 전화로 확인해 보았습니다. 다행스럽게도 핸드백은 바로 거기에 잘 보관되어 있었습니다. 우리를 지켜 주시는 하나님께 다시금 감사했습니다.

그날 저녁, 그 일을 회상해 볼 때 두 가지 뚜렷한 사실이 있었습니다. 그토록 친절한 남편을 향해 강렬한 애정이 솟아났던 것과 남편의 깊은 이해심에 대해 깨닫게 된 것입니다. 남편은 내 입장에 서서 나를 이해해 주었습니다. 바로 이것이야말로 그가 많은 사랑과 깊은 배려를 가지고 행동할 수 있었던 비결입니다.

다른 사람의 입장에 서서, 그가 어떻게 느끼고 있는지 파악할 수 있는 능력은 그를 이해하는 데 중요한 역할을 합니다. 친구인 루이 부부는 내가 그들의 아끼는 부엌을 검게 만들었을 때 바로 그렇게 할 수 있었습니다. 남편도 내가 핸드백을 잃었을 때 그렇게 하였습니다. 하나님께서는 우리가 살아가는 매 순간마다 그렇게 하십니다.

이해하다(understand)는 말의 어원을 보면 재미있습니다.

> 오백 년 전에는 'understand(stand under) a tree in a rainstorm'(폭풍우 속에서 나무 아래에 서 있다)과 같은 표현이 사용될 수 있었다. 셰익스피어 작품의 한 작중 인물이 말했듯이, '그야 물론, 이해하다(understand)와 아래에 서 있다(stand under)는 한가지다.' 그러나 오늘날엔 그 비유적 의미로만 쓰이고 있는바, 이해하다는 말은 어떤 사물이나 그 의미를 파악하거나 인식하는 것을 뜻한다(마치 어떤 사물을 그 아래에 서서, 즉 밑바닥에서부터 안다는 말처럼).[1]

나는 이 정의를 참 좋아합니다! 이해란 "사물을 그 아래에 서서 밑바닥에서부터 보는 것"입니다. 자신을 실제로 다른 사람의 입장에 두는 것, 곧 포용하는 것입니다. 이해는 지혜의 가까운 동류가 아닌, 지혜의 빠뜨릴 수 없는 한 부분입니다. 솔로몬은 "지혜는 명철(이해)한 자의 앞에 있거늘 미련한 자는 눈을 땅 끝에 두느니라"고 말했습니다(잠언 17:24).

주님께서 우리에게 명철(이해)과 지혜를 주신다는 것은 명백합니다. "대저 여호와는 지혜를 주시며, 지식과 명철을 그 입에서 내심이며"(잠언 2:6). 다른 한편으로 우리가 명철(이해)을 얻기 위해서는 힘써 하나님을 알아야 합니다. "거룩하신 자를 아는 것이 명철이니라"(잠언 9:10).

하나님 편에서 본 진리는, 우리가 지혜를 달라고 기도할 때, 그리고 지혜이신 그리스도를 알 때, 하나님께서 지혜를 주신다는 것입니다. 바울은 에베소 교회를 위해 이렇게 기도했습니다. "우리 주 예수 그리스도의 하나님, 영광의 아버지께서 지혜와 계시의 정신을 너희에게 주사 하나님을 알게 하시고, 너희 마음눈을 밝히사 그의 부르심의 소망이 무엇이며, 성도 안에서 그 기업의 풍성이 무엇이며, 그의 힘의 강력으로 역사하심을 따라 믿는 우리에게 베푸신 능력의 지극히 크심이 어떤 것을 너희로 알게 하시기를 구하노라"(에베소서 1:17-19). 바울의 말을 통해 살펴볼 때 그리스도께서 바로 우리의 지혜이심을 알 수 있습니다. "너희는 하나님께로부터 나서 그리스도 예수 안에 있고, 예수는 하나님께로서 나와서 우리에게 지혜와 의로움과 거룩함과 구속함이 되셨으니"(고린도전서 1:30).

사람 편에서 본 진리는, 우리 자신이 감추인 보화를 구하듯이 지혜를 찾아야 한다고 말하여 줍니다(잠언 2:1-5 참조).

나는 잠언을 공부하면서, 지식과 지혜와 명철(이해)을 각기 다른 성분으로 구분하기 어렵다는 것을 발견하였습니다. 내가 그 차이를 제대로 터득해 냈다고 생각할 때쯤이면 늘 다른 한 구절 말씀이 그 뚜렷한 차이를 없애 버리곤 하였습니다. 잠언 1:7에는 "여호와를 경외하는 것이 **지식의 근본**"이라고 되어 있는데, 잠언 9:10은 "여호와를 경외하는 것이 **지혜의 근본**이요, 거룩하신 자를 아는 것이 **명철(이해)**"이라고 말합니다. 또 잠언 15:33에 보면 "여호와를 경외하는 것은 지혜의 훈계라"고 했습니다. 이것들의 특성은 독특하지만, 마치 밀가루와 물과 이스트가 한데 섞여 굽고

나면 빵이 되어 다시 분리될 수 없는 것과 마찬가지입니다. 그러나 나는 마음 가운데 그 한 덩어리 전체를 소화시키기 전에 각각에 대해 살펴볼 필요를 느꼈습니다. 이 진리들을 묵상해 본 결과 나는 하나님을 아는 지식—말씀 탐구와 기도를 통해 오는 심령의 지식—이 결국에는 하나님이 **주시는** 지혜에 이르게 되고, 지식과 지혜에 더불어 이해(명철)가 뒤따른다는 결론을 내리게 되었습니다. 만일 내가 하나님의 말씀과 매일 일어나는 사건들 속에서 하나님을 아는 지식을 찾고, 감추인 보화를 찾듯이 하나님의 지혜를 찾는다면, 이 둘의 부산물로서 이해(명철)는 나의 삶에서 자연스럽게 자라 가게 될 것입니다. 이해(명철)는 이해의 하나님께서 나의 삶을 하나님 자신으로 가득 채우시도록 하는 것과 밀접한 관련이 있습니다. 내가 "하나님의 놀라운 사랑의 토양 속에 깊이 뿌리를 내리게"(에베소서 3:17, 현대어 성서) 될 때, 그리고 그리스도의 사랑의 충만한 분량을 알 때, 나는 **비로소** 하나님 자신으로 충만하여질 수 있을 것입니다. 내가 해야 할 일은 부지런히 하나님의 보화를 찾고 그분이 충만히 채우실 수 있도록 하나님께 나를 열어 두는 것입니다. 그리하면 하나님께서는 하나님의 지혜와 이해(명철)를 나에게 주실 것입니다.

3. 지혜의 하나님을 알아 감

그녀는 남편과 키가 큰 아들과 함께 브라질의 어느 쇼핑센터 한가운데에 서 있었습니다. 주위는 많은 인파로 북적거렸지만, 자기들 셋이 어느 외딴 섬에 와 있는 것처럼 느껴졌습니다. 의사를 전달하고자 하는 그들의 시도가 언어장벽이라는 암초에 부딪쳐 난파되고 있었던 것입니다.

절박한 기도가 그녀의 마음에서 소리 없이 우러나왔습니다. "주님, 우린 어떻게 해야 좋습니까? 비행기는 몇 시간 후면 아마존 정글지대로 떠납니다. 영어를 좀 할 줄 아는 사람들조차도 보비의 눈에 필요한 콘택트 용액이 무엇인지 모릅니다. 주님께서는 보비의 눈병에 그 용액이 꼭 있어야 함을 알고 계십니다. 그러나 아무도 우리 말을 알아듣질 못합니다. 우리를 도와주십시오."

그들은 외로웠습니다. 그녀는 길을 가던 브라질 사람 여럿에게 말을 걸어 봤지만, 영어를 제법 한다는 사람조차도 "콘택트 용액"이라는 말을 이해하지 못했습니다. 약국에서도 그녀가 찾고 있는 것이 무엇인지를 몰랐습니다.

그녀가 기도하고 있을 때, 잘 차려 입은 브라질 사람 하나가 다가왔습니다. 그녀는 멈칫하다가 한 번 더 시도해 보기로 했습니다. "여보세요, 영어를 하실 수 있나요?" 하고 그녀가 물었습니다.

그는 뜻밖이라는 듯이 멈춰 서더니 미소를 지으면서 말했습니다.
"예, 할 줄 압니다. 뭘 도와 드릴까요?"
그 다음 30분 동안 정말 믿기지 않는 일이 일어났습니다. 그는 브라질 정부의 각료로서 30분 후에는 중요한 내각회의에 가야 했습니다. 그는 이 가족의 필요를 이해할 수 있었을 뿐만 아니라, 그들을 자기 차로 콘택트 렌즈 전문가인 한 의사에게 안내까지 해주겠다고 했습니다. 급히 차를 몰아 가보니, 그 의사의 사무실은 닫혀 있었습니다. 그는 이 사람들을 메디컬 센터의 약국으로 데려갔습니다. 브라질리아에서는 그 특수한 용액을 구할 수 있는 유일한 곳이었습니다. 거기서 그는 그 의사의 자택으로 전화를 걸어서 그 용액의 유형을 확인해 보고, 그것을 구입하였습니다. 그는 약 값까지도 대신 치러 주었습니다. 그는 회의 시간까지는 아직도 여유가 있다고 고집하면서 그들이 공항행 버스를 탈 수 있도록 그의 차로 다시 쇼핑센터까지 데려다 주었습니다. 그들이 뜨거운 감사를 표시하자, 그는 이렇게 말하는 것이었습니다. "저는 몇 해 동안이나 이런 기회가 오길 기다려 왔어요. 몇 년 전 미국에 가 있을 때 어떤 분이 제게 특별한 친절을 베풀어 주셨답니다. 그 이후로 저는 그때 받았던 친절을 미국인에게 되돌려 줄 기회를 찾아 왔답니다."
하나님께서는 도무지 믿을 수 없으리만큼 놀랍도록 시기적절하게 역사하십니다.
어느 해 12월, 남편과 나는, 다음 해 4월 남편이 업무차 독일에 가는 길에 내가 동행할 것인지에 대해 기도하고 있었습니다. 결국 내가 동행하는 데 아무런 지장이 없을 것 같았습니다. 딸은 결혼하였고, 우리가 한동안 기도해 왔던 여행경비도 충분히 모아져 있었습니다. 그러나 이 문제를 두고 계속 기도하는 가운데 "하지 말라"는 아주 명확한 응답을 받았습니다. 그토록 오랫동안 계획해 왔는데 "하지 말라"고 응답해 주시니 나는 실망이 컸습니다. 하나님께서 우리를 기쁘게 해주시기를 기뻐하신다고 알고 있었기 때문에 도무지 이해가 가지 않았습니다. 그렇지만 그것은 아주 명확히 "하지 말라"는 응답이었습니다.

남편의 여행 일정이 확정된 후, 나는 남편이 없는 동안에 미시간에서 열리는 자매들을 위한 수양회에서 말씀을 전해 달라는 부탁을 받았습니다. 그래서 나는 수양회 바로 전에 여동생과 어머니를 방문할 계획을 가졌습니다.

미시간으로 떠나기 전날 일요일, 교회에 다녀오니 여동생 조이에게서 전화가 왔습니다. "어머니께서 발작을 크게 일으키셨어요. 의사 선생님은 언니더러 될 수 있는 대로 빨리 오시래요."

나에게는 이미 비행기표가 있었으므로 이제 그 일정만 바꾸면 되었습니다. 또 내가 없는 동안 집을 봐 줄 사람도 벌써 약속되어 있었기에 하루 밤만 일찍 오도록 하면 되었습니다. 나는 이미 확정된 일정이 마련되어 있었던 셈입니다. 하나님께서 그렇게 해주셨습니다.

그러나 하나님께서는 거기서 멈추지 않으셨습니다. 일리노이에 살고 있던 우리 딸 린과 그 남편인 팀이 "그때 마침" 주말에 시카고에 왔다가 나를 마중하여, 미시간까지 차로 데려다 주었습니다. 그리하여 그처럼 곤란하던 때에 내게 남편 이상의 놀라운 도움이 되어 주었습니다.

여동생네 동네에 도착하자마자 우리는 곧장 병원으로 갔습니다. (한밤중이었는데도 친절한 간호사들이 우리를 들여보내 주었습니다). 어머니는 몸을 약간만 일으키셨습니다. 진정제를 다량 복용하고 있는 중이었습니다. 우리는 어머니와 얼마간 함께 있다가, 아침 일찍 다시 오기로 하고 동생 집으로 가서 잤습니다.

그 월요일, 어머니는 여덟 시간 동안 사셨습니다. 다행스럽게도 나는 이 여덟 시간 동안 꼬박 어머니와 함께할 수가 있었습니다. 오후가 되어 조이가 병실에 들어선 직후에 어머니께서 몸을 움직이셨습니다. 자기를 그처럼 오랫동안 간호해 주었던 조이에게 마지막 이별 인사를 하시려고 여태 기다리고 계셨던 것 같았습니다. 어머니는 그동안 발작으로 안면 근육 한쪽이 마비되었기 때문에, 미소를 띠실 수 없었습니다. 그런데도 불구하고 이때는 몸을 일으키시면서 미소를 띠셨습니다. 어머니의 인상적인 갈색 눈이 활짝 떠졌습니다. 그리고는 이내 그녀는 왕의 존전으로 나아가셨습니다.

조이, 린과 팀, 그리고 나는 손을 모아 기도했습니다. 우리 모두에게 그리스도를 심어 주셨던 훌륭한 어머니에 대해 하나님께 감사를 드렸습니다. 우리는 눈물을 흘리는 가운데서도 그분이 이제 예수님과, 그리고 그토록 사랑하셨던 남편과 함께 본향에 계심을 기뻐하였습니다.

나도 작별 인사를 드릴 수가 있었습니다. 세상사로 인해, 더군다나 유럽 여행으로 인해, 놓쳐서는 안 될 시간이었습니다. 하나님께서는 나에게 이처럼 놀라운 은혜를 베푸시려고 나의 유럽 여행을 막으셨던 것입니다. 하나님의 시간 계획은 이 이상 더 완벽할 수가 없었습니다. 남편은 비행기 일정 관계로 장례 준비가 거의 끝날 무렵에야 귀국해서 장례식에 참석할 수 있었습니다. 만일 내가 그와 동행했었더라면….

우리의 때는 하나님의 수중에 있습니다. 나는 이 사실을 주위에서 분명히 보고 있습니다. 내 삶 속에서, 친구들의 삶 속에서, 그리고 하나님의 말씀 속에서.

성령께서는 왜 수넴 여인의 집과 전토에 대한 이야기를 성경 속에 포함시키셨는지 처음에는 이해할 수가 없었습니다. 아주 단순한 이야기에 불과한데 무슨 의미가 있을까?

수넴 여인(우리는 이 여인의 이름조차 모릅니다!)은 엘리사가 그곳을 지날 때마다 정성스럽게 대접하였고 자기 집에 방을 마련하여 잠시 머물다 갈 수 있게 하였습니다. 엘리사는 수넴 여인의 아들을 살려 주었습니다(열왕기하 4:8-37). 어느 날 그는 그녀에게 7년간 기근이 있을 것이므로 가족을 데리고 그 지방을 떠나라고 권하였습니다(열왕기하 8:1). 7년이 지나 그녀가 다시 돌아와 보니, 다른 사람이 그녀의 집과 전토를 차지하고 있었습니다. 그래서 그녀는 자기 재산 문제에 대해 호소하려고 왕에게 나아갔습니다(열왕기하 8:3-6).

한번 상상해 보십시오. 한 수넴 여인이 왕에게 어떤 영향력을 끼칠 수 있겠습니까? 모르긴 몰라도 아무런 영향력도 발휘할 수 없었을 것입니다.

그러나 하나님의 시간 계획에 비추어 볼 때, 그녀는 제 시간에 왕궁에 들어갔습니다. 때마침 엘리사의 사환이 자기 주인이 일으켰던 기적들—수넴 여인의 죽었던 아들을 살린 것을 포함하여—에 관하여 왕에게 설득력 있게 고하고 있었습니다. 사환은 고개를 들면서, "오, 내 주 왕이시여! 바로 그 여인입니다!"라고 외쳤습니다. 왕은 그녀에게 사정을 고할 수 있도록 허락하였습니다. 왕은 큰 감화를 받고, 그녀의 집과 전토뿐 아니라, 그 땅에서 떠난 때부터 그때까지 밭에서 얻었던 소출까지도 다 돌려주게 하였습니다. 그녀의 방문 시각이 이보다 더 적절할 수는 없었을 것입니다!

하나님께서는 시간에 제한을 받지 않으십니다. 하나님께서는 처음부터 종말을 보십니다. 하나님께는 천년이 하루 같습니다. 그렇지만 하나님께서는 우리 인간의 시간 기준에 비추어 볼 때도 정확하게 행하십니다.

우리는 크게 두 가지 방법으로 하나님의 지식을 탐구할 수 있습니다. 첫째로, 가장 중요한 것은 말씀 안에서 하나님을 찾는 것입니다. 수넴 여인의 이야기 속에 상세하게 담겨 있는 하나님의 놀라운 시간 계획을 보면서, 나는 하나님의 사랑과 그분의 관심과 놀라운 정확성에 탄복하지 않을 수 없습니다.

둘째로, 하나님께서 우리의 삶과 우리 주위 사람들의 삶 속에서 역사하시는 것을 통해서 그분의 지식과 지혜를 보게 됩니다. 친구가 브라질에서 겪었던 일을 들으면서, 나는 **그토록 많은 관심을 쏟으시는** 하나님을 경배하지 않을 수 없었습니다.

예레미야는 이렇게 썼습니다. "여호와께서 이같이 말씀하시되, '지혜로운 자는 그 지혜를 자랑치 말라. 용사는 그 용맹을 자랑치 말라. 부자는 그 부함을 자랑치 말라. 자랑하는 자는 이것으로 자랑할지니 곧 명철하여 나를 아는 것과 나 여호와는 인애와 공평과 정직을 땅에 행하는 자인 줄 깨닫는 것이라. 나는 이 일을 기뻐하노라.' 여호와의 말이니라"(예레미야 9:23-24).

하나님을 아는 것. 지혜의 근본은 주님을 경외하는 것이요, 주님을 아는 것이 명철(이해)이라는 진리를 내가 깨닫기 시작하자 안개는 어느새 말끔히 걷혀 가고 있었습니다.

4. 지혜를 얻음

킹사이즈 침대는 혼자 눕기에 너무 큽니다! 나는 엎치락뒤치락하며 눈을 붙이려고 애를 썼습니다. 남편이 해외에 나가 있었기 때문에 나는 혼자였습니다. 집안은 너무나 조용했습니다. 바람조차 고요했습니다. 나는 기도도 해보고, 성구를 읊어 보기도 하며, 구름이 떠다니는 것을 공상해 보기도 했지만 잠은 이룰 수 없었습니다.

침대의 텅 빈 하얀 공간이 너무도 쓸쓸해 나는 자리에서 일어나 불을 켜지 않을 수 없었습니다. 나는 이즈음 짐 다우닝이 쓴 "묵상"이라는 책을 읽고 있었는데, 그 책에서는 매일 밤 그 날짜와 같은 숫자의 시편과 그 숫자에 각각 30, 60, 90, 120을 더한 수에 해당하는 시편, 즉 하루에 모두 다섯 편을 읽도록 제안하고 있었습니다. 그렇게 하면 150편의 시편을 30일 만에 끝마칠 수 있게 됩니다. 저자는 잠들기 전에 이 방법을 잘 활용하면 잠자는 동안에도 잠재의식 속에서 시편을 묵상할 수 있다고 제안하고 있습니다. 나는 이렇게 해보면 잠이 들 수도 있겠다는 생각을 하게 되었습니다! 그래서 한번 이것을 시도해 보기로 하였습니다.

그렇지만 이렇게 했을 때 잠이 오기는커녕 멀리 달아나 버리고 말았습니다. 사실상 나는 하나님께서 보여 주신 놀라운 사실들에 너무도 신이 났기 때문에 밤새도록 잠을 이루기가 힘들었습니다. 그렇지만 그것은 확실히 잠 못 이룰 만한 충분한 가치가 있었습니다.

그날이 10월 6일이었기 때문에 나는 시편 6편을 읽었습니다. 그러나 내 마음에 와 닿는 특별한 것을 찾을 수가 없었습니다. 그러나 36편을 읽으면서 나는 자세를 가다듬지 않을 수 없었습니다. "저희가 주의 집의 살진 것으로 풍족할 것이라. 주께서 주의 복락(福樂)의 강수로 마시우시리이다." 이 말씀을 읽을 때 하나님께서는 나의 마음 가운데 다음과 같은 장면을 연상시켜 주셨습니다.

주님께서는 보좌에 앉아 계셨고, 그 보좌로부터 크고, 넓고, 깊고, 번쩍이는 강―주님의 복락의 강―이 흘러내리고 있었습니다. 주님께서는 미소를 짓고 계셨으며 와서 마시라고 나를 초청하셨습니다. 나는 목이 갈한 채, 이 놀라운 복락의 강둑에 서 있었습니다. 나는 호주머니에 손을 넣어 조그만 찻숟갈을 꺼내어 그것으로 강물을 떠서 한 모금 마셨습니다. 얼마 있으니 다시 목이 탔습니다. 나는 다시 한 번 더 숟갈로 강물을 떠 마셨습니다.

주님께서 미소를 띠고 말씀하셨습니다. "캐롤, 왜 실컷 마시지 않지?" 주님께서는 질문을 계속하셨습니다. "옆을 내려다보아라. 큰 바가지가 있잖니? 그걸로 맘껏 마셔 보렴. 더 마시고 싶으면 강 속에 곧장 뛰어 들어 얼마든지 마셔도 좋다."

나는 그 복락의 강물을 끝없이 마냥 실컷 마시고 싶습니다. 하나님께서도 내가 그렇게 하기를 원하십니다. 그러나 나는 아주 적은 양―한 숟갈―으로 만족하고 말 때가 참 많습니다.

나는 기도하였습니다. "주님, 저에게 주님의 복락에 대해 물릴 줄 모르는 갈증을 주십시오. 그리고 주님의 의에 대한 굶주림과 주님 자신을 더 많이 소유하고자 하는 끊임없는 열망을 주십시오."

하나님은 원천입니다. 그분은 복락의 원천이시요, 지혜의 원천이십니다. 그러므로 그분을 소유하게 될 때에야 비로소 우리는 지혜로워지고 충만하여질 것입니다.

내가 오랫동안 마음속에 의구심을 가져 왔던 문제가 이제 해결되었습니다. 지혜는 하나님에게서 시작하여, 우리가 그리스도 안에서 하나님을 경험함으로써 지속시켜 갈 수 있습니다. "너희는 하나님께로부터 나서 그리스도 예수 안에 있고, 예수는 하나님께로서 나와서 우리에게 지혜와 의로움과 거룩함과 구속함이 되셨으니"(고린도전서 1:30).

그러므로 지혜롭고 이해력 있는 사람이 되고자 하는 나의 갈망은 하나님 자신에게서 시작되고 끝납니다. 이 사실이 수긍은 가지만, 그렇다면 어떻게 그것을 "저 위"에서 "이 아래," 나의 삶 속으로 이끌어 내릴 수 있을까요?

시편 36편을 계속 읽는 가운데, "대저 생명의 원천이 주께 있사오니 주의 광명 중에 우리가 광명을 보리이다"(9)는 말씀을 보게 되었습니다.

이 말씀이 내 마음에 강하게 와 닿았습니다. 우리는 오직 조명해 주시는 성령의 능력을 힘입어 하나님의 말씀으로부터 빛과 진리를 깨달을 수 있습니다. 내게 두 가지 책임이 있습니다. 성경을 펴는 것과 나 자신을 성령의 인도하심에 온전히 내맡기는 것입니다. 성경을 펼쳐 놓고 있다 하더라도 성령의 가르치심에 마음 문을 닫고 있다면, 나는 그것을 이해하지 못할 것입니다.

성경은 성령을 근심케 하거나 소멸치 말라고 우리에게 말합니다. 하나님께서는 성령으로 말미암아 우리 속사람을 능력으로 강건케 해주시겠다고 약속하셨습니다. 죄를 자백하고 하나님의 음성을 청종함으로써 우리는 성령의 빛 아래 자신을 내어 놓아야 합니다. 성령께서는 말씀을 펴라고 우리에게 말씀하십니다. 우리가 이에 순종하여 부지런히 말씀을 추구할 때, 성령께서는 우리 마음과 생각을 비춰 주시고 하나님의 복락을 한

껏 들이키도록 가르쳐 주실 것입니다.

  나는 성령을 소멸하고 성경을 덮어 둠으로써, 그 불빛을 "꺼버릴" 수도 있습니다. 이렇게 되면, 하나님께서는 자기의 지혜를 나에게 내려 주시지도 않을 뿐더러 이미 내게 주신 지혜들을 사용하게 해주시지도 않을 것입니다. 성경을 암송하고 묵상함으로써 하나님께 생각을 드러내며, 기도함으로써 하나님께 마음을 열어 놓고, 말씀 안에서 시간을 보내고 말씀이 내 안에 거하게 함으로써 하나님께 삶을 개방하여야 합니다.

  내가 계속해서 그 불빛을 밝히기만 한다면, 하나님의 지혜가 나의 삶 속에서 역사하기 시작할 것입니다.

  만민 중에 가장 지혜로운 왕이었던 솔로몬이 그의 생애의 한 시점에서 어리석은 사람이 되어 버렸음을 알고서 놀란 적이 있습니다. 하나님께서는 그에게 지혜를 주셔서, 솔로몬은 이 지혜를 받아 사용함으로 형통과 부와 평화를 누릴 수 있었습니다. 그런데 **솔로몬은 그 불빛을 꺼버렸습니다!** 그는 이방 여인들과 결혼해서 이방신들을 위한 신전을 건축했고 하나님을 거역하게 되었습니다. 결국 이로 말미암아 솔로몬은 하나님에게서 완전히 떠나게 되었습니다. "이 일에 대하여 명하사 다른 신을 좇지 말라 하셨으나, 저가 여호와의 명령을 지키지 않았으므로"(열왕기상 11:10).

  지혜는 성령의 가르치심에 순복하며 하나님의 말씀에 삶을 열어 놓고 하나님의 음성을 순종함으로써 얻을 수 있다는 것을 알았습니다. 이 진리는 내 마음속에서 분명해져 가고 있었습니다. 그러나 그것은 시작에 불과했습니다.

5. 들음 - 지혜를 위한 선행 조건

오늘 나의 생각은 마치 창 밖의 짙은 안개와도 같이 흐릿합니다. 나는 한 가지 복잡한 진리를 알아내려고 고심해 오던 중이었습니다. 나는 익숙지 않은 개념들에 봉착하여 미궁에 빠져드는 느낌이었습니다. 그러나 여기에 하나님께서 나에게 가르쳐 주신 진리가 있습니다.

지혜로운 사람은 듣습니다.

이 표현이 단순하게 보이지요? 정말로 단순하다면 얼마나 좋겠습니까! 그러나 그 말에는 낙지처럼 수없이 많은 팔이 달려 있고 그 촉수들은 사방에 미칩니다. 진정 지혜로운 사람은 듣고 싶지 않은 것을 가려내거나, 듣기 원하는 것만 골라 듣지 않습니다. 그는 듣는 데 "맹점"이나 장애물을 가지고 있지 않습니다. 그는 전달되는 내용을 그대로 듣는 사람입니다.

이렇게 볼 때, 우리 가운데 온전히 지혜로운 사람은 아무도 없다는 것이 분명해집니다. 우리 모두는 경우에 따라 주관적으로 듣게 됩니다. 어떤 특정한 말이나 목소리, 표현, 또는 외관을 들추어 선입견을 가지고 그 중요성을 확대하고 걸맞지도 않게 풍선처럼 부풀립니다. 그러나 지혜로운 사람은 이러한 위험을 알고 있기 때문에 충분한 질문을 통해 불투명한 의미를 명확하게 합니다.

나에게는 아주 감수성이 예민한 친한 친구가 있습니다. 우리는 하루 아침을 떼어 놓고 함께 기도하며 보내기로 계획을 세운 적이 있었습니다. 그런데 나는 일정이 바뀌게 되어 친구에게 전화를 걸어서, 약속 시간에 늦어질 것이며 또 예정 시간보다 조금 일찍 끝내야 되겠다고 알려 주었습니다. 예정보다 짧아지긴 했어도 나는 내심, 친구와 함께 주님을 만나게 될 멋진 그날을 몹시 기대했습니다. 도착하자마자, 그녀는 대뜸 나에게 설명하기 곤란한 한 가지 문제에 대해서 이야기하고 싶다고 말했습니다. 그녀는 내가 자기와 시간 보내는 것을 진심으로 원하는 것 같지 않다, 그렇다면 내게 부담스러울 것이 아니냐면서 눈물을 글썽이며 말하는 것이었습니다. 그녀는 나의 꽉 차 있는 일정에 또 하나의 짐이 되길 원치 않았습니다. 그만큼 그녀는 나를 사랑하였습니다.

나는 그녀를 껴안고 울고 싶었습니다. 그녀는 나를 완전히 오해하였습니다. 하루가 중간에서 끊겨 곤란을 느끼는 듯한 인상을 준 내가 잘못이었습니다. 그렇지만 그녀에게는 자기의 감정을 있는 그대로 개방할 수 있는 사랑과 지혜가 있었기 때문에 우리는 곧 오해를 풀 수 있었습니다. 만일 우리가 그때 그 상황을 해명하지 못했더라면 어찌 됐을까 생각만 해도 아찔해집니다.

시카고 과학 산업 박물관에 갔을 때의 일입니다. 나는 칸막이 좌석에 앉아서 작은 손잡이를 돌리면서 가느다란 소리가 점차 커져 가는 것을 주의 깊게 들었습니다. 소리가 매우 커지면 소리는 여전히 나고 있더라도 내 귀가 그것을 수용할 수 없기 때문에 들을 수가 없었습니다. 다이얼을 바꿔서 조정해 보니, 이번에는 그 기계 소리가 점점 낮아졌습니다. 그것은 내가 들을 수 있는 최저음을 보여 주었습니다. 나는 나의 귀가 정상 상태에 있음을 알고 안심이 되어 미소를 지으며 그 자리에서 일어났습니다.

나는 나의 비물리적인 청각 기관도 이처럼 건강하였으면 합니다!

얼마 전 한 수양회에서 어떤 젊은 부인과 교제를 가진 적이 있습니다.

그녀는 풀이 죽은 목소리로 다음과 같은 말을 했습니다. "저는 이 훌륭한 수양회에서 격려를 얻기보다는 오히려 패배감을 느끼고 있답니다. 초빙강사와 함께 차를 마신 적이 있는데 그때 '나도 이분과 같이 되었으면… 그러나 난 어쩔 수 없는 사람이야. 나 같은 사람이 어떻게 이분처럼 경건한 여자가 되길 바랄 수 있나?' 하는 생각이 들더군요. 전 정말 포기할까 봐요. 아예 노력조차 해보고 싶지 않은걸요."

초빙강사는 나의 친구였습니다. 그녀는 강연을 통해서 자기의 삶을 아주 솔직하고 투명하게, 자신의 승리뿐 아니라 실패와 허물까지 나누었습니다. 그녀는 자신이 작은 전쟁들에서는 여러 번 패배했을지라도, 종국적으로 그리스도께서 전쟁에서 승리할 수 있도록 해주신다고 말하였습니다. 그녀가 자신의 약점들을 솔직하게 밝혔음에도 불구하고, 앞서 말한 젊은 부인은 그녀의 말을 **믿지 않았던** 것입니다. 그 부인은 그 강사가 말한 모든 내용을 진정으로 듣지 않았던 것입니다. 그 부인은 다만 일부만 골라 그것을 확대 해석하는 선택적인 청취자였던 것입니다.

나 자신만 해도 편파적으로 들을 때 솔직히 말해 이것이 두렵습니다. 부분적으로 듣게 되면 단편적인 지식을 완전히 거꾸로 잘못 해석할 수가 있기 때문입니다.

우리가 이처럼 선택적으로 듣는 데는 몇 가지 이유가 있습니다. 그 첫째 이유는 우리가 **제한된 지식**을 가지고 듣는다는 점입니다.

잔뜩 화가 난 한 아버지가 주일학교 교장 선생님에게 자기 딸아이가 몹시 상심이 되어 가지고 집에 돌아왔는데 어떻게 된 거냐고 전화로 항의해왔습니다. 그 애 말에 따르면, 주일학교 선생님이 자기들에게 주일학교에 결석하는 애들은 아궁이에 집어넣어 버리겠다고 말하더라는 것이었습니다. 어안이 벙벙해진 교장 선생님은 곧 그 교사를 불렀습니다. 그 교사는 영문을 몰라 한참이나 생각한 끝에 원인을 알아냈습니다. 그녀는 유치부

아이들에게 출석을 강조하느라고, 연달아 네 번 결석하면 이름을 빼버리겠다고 말한 적이 있었습니다.

그 아이는 제한된 지식을 가지고 들었기 때문에, 선생님의 말을 완전히 오해하였던 것입니다.

선택적으로 듣게 되는 두 번째 이유는 제한된 관점에서 듣는다는 것입니다. 우리는 우리 자신의 경험, 성격, 그리고 배경을 통하여 우리가 접하는 정보를 끊임없이 여과해 내고 있습니다.

나의 성격은 주관적입니다. 자기의 무정한 남편에 대한 친구의 이야기를 듣게 되면 나의 감정은 곧 친구 편이 되어 나는 그 남편의 입장을 바라보기가 어렵게 됩니다. 나의 관점은 친구에 대한 사랑과 나의 주관적인 성향에 의해 좌우됩니다.

세 번째 이유는 이미 결정된 마음으로 듣는 것입니다. "내 마음은 이미 정해졌으니까 더 이상 날 혼동시키지 말라"는 식의 태도가 그것입니다. 우리 자신의 눈에는 우리가 옳습니다. 그러나 솔로몬은 다음과 같이 경고했습니다. "미련한 자는 자기 행위를 바른 줄로 여기나 지혜로운 자는 권고를 듣느니라"(잠언 12:15).

언젠가 남편의 요청에 따라, 많은 문제를 안고 있는 한 친한 친구를 남편이 전화로 상담하는 것을 들은 적이 있습니다. 그녀는 어떤 신체적인 질병을 앓고 있었던 정도가 아니라 그보다도 더 큰 문제인 자기 연민이라는 질병에 걸려 있었던 것입니다. 하나님께서 관여하시고 변함없이 역사해 주실 것을 남편이 깨우쳐 줄 때마다 그녀의 대답은 한결같았습니다. "네, 그렇지만…." 그녀와 하나님의 약속 사이에는 커다란 "그렇지만"이라는 간격이 있었기 때문에, 그녀는 단순한 마음으로 하나님을 바라볼 수 없었습니다. 나 자신도 이미 결정된 마음으로 상황에 접근하는 "예, 그렇지만"의 태도를 얼마나 자주 나타내 보였는지 모릅니다. 나는 단지 나 자신의 생각을 확정시키기 위해 다른 사람에게 상담을 요청할 때가 자주 있습니다. 상담해 주는 사람이 내 의견에 동의하지 않으면, 그를 불신임하고 다른 상담자를 찾게 됩니다.

우리는 그 즈음 부인 성경공부 모임에서 히브리서 4장을 공부하고 있었습니다. 히브리서 4장에는 우리가 하나님을 믿고 순종할 때 하나님 안에서 경험하게 되는 안식에 대해 설명되어 있습니다. 그러나 만일 우리가 그의 약속을 불순종하고 불신한다면 우리 마음엔 안식이 있을 수가 없습니다. 나는 친구의 이야기를 들으면서 다음과 같은 생각을 하였습니다. "이것이야말로 히브리서 4장의 좋은 예로구나! 그녀는 하나님의 선하심을 불신하고 있어. 그녀는 염려와 쓴 뿌리로 꽉 차 있고, 안식을 모르는 불행한 여자야." 이 모든 것은 사실이었습니다. 내가 이러한 생각 가운데 그녀는 몇 년이 지나도 자기 문제들을 극복해 내질 못할 것이라고 단념하고 있을 때, 하나님께서 내 마음에 말씀해 주셨습니다. "캐롤, 그녀에 대한 비판은 그만두어라. 너는 어떠하니? 바로 지금 너 자신도 나를 불신하고 있다. 너는 그녀의 상황에 대해 나를 불신하고 있는 거야. 네 마음엔 안식이 없어!" 하나님께서는 나에게 주의를 환기시켜 주셨습니다. 나는 잠시 동안 나 자신의 불신을 자백하고 그것을 극복하게 해주시도록 기도하였습니다.

지혜란 불쾌하거나 동의할 수 없는 것을 걸러 내지 않고 그대로 들을 수 있는 능력입니다. 무엇보다도 하나님께 귀를 활짝 열고 있어야 지혜를 얻을 수 있습니다. "듣는 귀와 보는 눈은 다 여호와의 지으신 것이니라"(잠언 20:12). "내 아들아, 너는 듣고 지혜를 얻어 네 마음을 정로(正路)로 인도할지니라"(잠언 23:19).

먼저는 하나님께 귀를 기울여야 하지만, 사람—아무나가 아니라 **지혜로운 사람**—의 말을 듣는 데에도 민감해야 참된 지혜를 얻을 수 있습니다. 우리가 어떤 사람에 대해 어리석은 사람이라는 선입견을 갖고 있으면, 그 사람을 향해서는 귀를 막을 경우가 있습니다. 그렇지만 그것은 대부분 잘못된 판단일 경우가 많습니다. 많은 사람들이 우리 생각과는 달리 예상외로 지혜로운 것을 봅니다. 하나님께서는 우리가 상담할 수 있는 지혜로운 사람들을 알 수 있도록 도와주십니다. "너는 권고를 들으며 훈계를 받으라. 그리하면 네가 필경은 지혜롭게 되리라"(잠언 19:20). "너는 귀를 기울여 지혜 있는 자의 말씀을 들으며, 내 지식에 마음을 둘지어다. 이것을 네 속에 보존하며 네 입술에 있게 함이 아름다우니라"(잠언 22: 17-18).

나의 가장 지혜로운 상담자는 남편입니다. 그렇지만 그를 향한 나의 마음에 부드러운 정이 우선하기 때문에 그의 조언을 통해 내 삶을 바로잡기가 여간 어렵지 않습니다. 나는 그의 제안을 객관적으로 받아들이기 어려울 때가 있습니다. 이것을 잘 알고 있는 남편은 내게 필요한 것을 말해 줄 때 사랑과 신중함을 보여 줍니다. 그는 나를 **사랑하기** 때문에 내게 신실하려 합니다. "친구의 통책은 충성에서 말미암은 것이나"(잠언 27:6). 나와 남편은 변함없이 가장 친한 친구입니다.

지혜 있는 사람은 하나님과 사람과 삶 자체로부터 주어지는 책망을 잘 듣습니다. 나는 책망을 들을 때 뒷걸음질을 칩니다. 나는 반쯤 감긴 눈 너머로 그것을 바라보고서, 내게 부당하다 여겨지는 견해는 받아들일 필요가 없다고 속으로 생각합니다. 그러나 하나님께서는 이렇게 말씀하십니다. "거만한 자를 책망하지 말라. 그가 너를 미워할까 두려우니라. 지혜 있는 자를 책망하라. 그가 너를 사랑하리라. 지혜 있는 자에게 교훈을 더하라. 그가 더욱 지혜로워질 것이요, 의로운 사람을 가르치라. 그의 학식이 더하리라"(잠언 9:8-9).

두 사람이 똑같은 말을 해줄 때, 또 삶 자체가 우리에게 좀 주의해 보라고 소리칠 때, 우리의 반응은 어떻습니까? 마음으로부터 교훈을 거부하고 있지는 않는지요? 모두가 우리를 등지고 있다든지, 원수의 공격을 받고 있다고 생각하고 싶지는 않은지요?

최근에 잠언 15:31-32 말씀이 나의 주의를 끌었습니다. "생명의 경계를 듣는 귀는 지혜로운 자 가운데 있느니라. 훈계받기를 싫어하는 자는 자기의 영혼을 경히 여김이라. 경책을 달게 받는 자는 지식을 얻느니라."

이렇게 생각하는 분도 있을지 모르겠습니다. "하지만 틀림없이 남편도 잘못 생각하는 수가 있을 게다. 사람의 판단이란 대부분 한결같이 옳을 수야 없지. 모든 책망을 액면 그대로 받아들일 수 있을까?"

물론 그렇지는 않습니다. (안심이 되지 않으십니까?)

그렇다면 그것들을 어떻게 가려내지요?

남편과 나는, 맹점이 되는 영역들이 우리 삶에서 어떻게 발전되어 갈 수 있느냐 하는 것과 현 궤도에서 1도 벗어난 것이 10년 후에 90도 벗어날 수도 있는 가능성에 대해 가끔 의견을 나눈 적이 있습니다. 또한 우리는 이것을 예방할 수 있는 방법에 대해서도 논의하였습니다. 결국 우리가 마음속에 확정짓게 된 결론은, 어떤 사람으로부터 무언가에 대해 책망을 받을 때 먼저 그것을 주님께 가지고 나아가서 그것에 대해 감사하고, 비평 내용이 부분적으로 혹은 전체적으로 사실인지 아닌지를 알 수 있도록 하나님께서 우리 마음을 살펴 주시도록 맡기라는 것이었습니다. 만일 하나님께서 그것을 확증해 주실 경우엔, 그것을 우리 삶에서 변화시켜 주시도록 기도합니다. 만일 그렇지 않은 경우엔 그것을 잊고 우리를 부당하게 비난한 사람을 용서해 주시도록 기도합니다. 이와 같이 비평을 인내로써 받아들이는 것 외엔 우리에게 다른 선택의 여지가 없습니다. "죄가 있어 매를 맞고 참으면 무슨 칭찬이 있으리요. 오직 선을 행함으로 고난을 받고 참으면 이는 하나님 앞에 아름다우니라. 이를 위하여 너희가 부르심

입었으니, 그리스도도 너희를 위하여 고난을 받으사 너희에게 본을 끼쳐 그 자취를 따라오게 하려 하셨느니라"(베드로전서 2:20-21).

이 구절은 내게 쉽사리 이해가 되질 않았습니다. 내게 해당되는 비평을 받고 잘 참아 내야 한다는 것은 쉽게 납득이 갔지만, 부당한 비평을 참는다는 것은 견디기 어려울 것 같았습니다.

그런데 하나님께서 이에 대한 아름다운 이유를 보여 주셨습니다. 지각 있는 사람이라면 누구나 자기에게 맞는 비평을 인내로써 수용합니다. 그러나 자기에게 부당한 비평을 사랑과 용서하는 태도로 받아들이는 데는 지혜가 요구됩니다. 우리는 눈을 우리의 모본이 되시는 그리스도께 고정해야 합니다. 우리가 부당한 비평을 바른 태도로 감당할 수 있기 위해서는 하나님 한 분만으로 충분한 삶을 살아야 합니다. 이렇게 될 때 우리의 성품이 세워지며 이 일이야말로 바로 하나님께서 하시는 일입니다. 그분은 "내게 관계된 것을 완전케 하실지라"(시편 138:8)고 약속하여 주셨습니다.

두 사람이 똑같은 일로 남편과 내게 나아온다 해도, 더 깊이 재고해 보고 기도하는 것 외에 또 다른 과정이 있을 수 없습니다. 우리는 사람들이 우리를 어떻게 보고 있는가에 비추어서 우리 자신을 잘 살펴보는 것이 좋습니다. 동기에는 잘못이 없다 해도 우리가 주는 인상에 대해서도 책임을 져야 하기 때문입니다.

그래서 남편과 나는, 우리가 꺼리는 맹점들을 피할 수 있는 한 가지 방법은 사람들에게 진정으로 귀를 기울이는 것이라는 결론을 내리게 되었습니다. 만일 누가 우리를 책망하면, 그것이 합당한 것이든 부당한 것이든, 그것을 하나님께 맡기고, 그것에 대해 감사하며, 부당한 것과 합당한 것을 가려내 주시도록 기도합니다. 그것이 진실된 책망이라면 우리의 잘못을 깨우쳐 주시도록 하나님께 기도합니다. 타당한 것이면 무엇이든 힘써 실천합니다. 부당한 것이면, 그것을 제쳐 두고 잊어버리며, 내가 받은 상처에 대해 그 사람을 용서해 주시도록 기도하고 그것을 영원토록, 멀리 치워 버립니다. 우리에게는 "나의 책망을 듣고 돌이키라. 보라. 내가 나의 신을 너희에게 부어 주며 나의 말을 너희에게 보이리라"(잠언 1:23)는 하나님의 약속이 있습니다. 우리가 진실로 듣는 자가 될 때에 하나님께서 우리에게 지혜를 주실 것입니다.

우리는 이 약속에 대한 하나님의 말씀을 가지고 있습니다! 그것으로 우리는 충분합니다.

주님,
저의 귀를 열어 주소서!
주님의 말씀 속에서
듣는 것이 얼마나 중요한가를
배웠습니다.
들을 때에 비로소 지혜로워집니다.
들을 때에 비로소 의로워집니다.
들을 때에 비로소 명철해집니다.

저는 얼마나 가려서 들어 왔는지요.
저는 골라서 듣는 사람은 아닌지요?
제가 원하는 것만을 듣고 있지는 않는지요?

오, 아버지!
아버지께서는
저의 진정한 바람을 아십니다.

지혜롭고,
명철하며,
분별력 있는
사람이 되기 원합니다.
사람들로부터 듣는 것을 가르쳐 주소서.
그들의 경험으로부터,
그들의 표현으로부터,
그들의 사는 모습으로부터…
마음속에 쌓아 놓은 선입관을 버리고
마음을 활짝 열고
전심으로
듣게 하소서.

배우는 것을 도와주소서.
귀를 활짝 열고
진정으로 듣는 법을
가르쳐 주소서.

주님, 감사합니다.

6. 경건한 지혜의 특성

너희 중에 지혜와 총명이 있는 자가 누구뇨?
그는 선행으로 말미암아 지혜의 온유함으로
그 행함을 보일지니라.
그러나 너희 마음속에 독한 시기와 다툼이 있으면,
자랑하지 말라.
진리를 거스려 거짓하지 말라.
오직 위로부터 난 지혜는
첫째 성결하고,
다음에 화평하고, 관용하고, 양순하며,
긍휼과 선한 열매가 가득하고
편벽과 거짓이 없나니,
화평케 하는 자들은 화평으로 심어
의의 열매를 거두느니라."
(야고보서 3:13-14,17-18)

위로부터 난 지혜는 성결합니다.

매일과 같이 으레 나는 성결하다는 양, 태연하게 행동하려고 애썼습니다. 그러나 누구도 볼 수 없는 내 마음 깊은 곳에서는, "야아! 이거 보통 일이 아닌데!" 하고 외치면서 어쩔 줄 몰라 하고 있었습니다.

남편과 내가 워싱턴에서 살고 있을 때, 상원의원인 옛 친구와 식사를 함께할 수 있는 특권을 얻게 되었습니다. 상원이 개회 중이었기 때문에 일정이 꽉 짜인 그 친구는 우리를 상원 식당으로 초대해 식사를 대접했습니다.

우리는 기다란 낭하를 따라 얼마 동안 걸은 다음, 구내 전차의 "상원의원 전용" 객실을 이용해서 "상원의원 전용" 엘리베이터를 타고 올라가, 상원 식당에 안내되었습니다.

몸집이 작은 한 예쁜 여자가 내 친구에게 다가와서 뭔가 이야기를 시작하였을 때까지만 해도, 나는 아직 겁을 먹고 있었습니다. 그의 소개로 그녀와 악수하면서 바로 그녀가 앤 랜더스라는 사실을 알아차리게 되었습니다.

나는 말로만 듣던 상원식당에서 그리스도인으로서 특출한 의원인 한 사람과 대화를 나누고 있었습니다. 바로 뒤 식탁에는 앤 랜더스와 한 유명한 상원의원이 자리를 함께하고 있었습니다. 정말 나에게는 잊혀지지 않는 순간이었습니다!

얼마 후, 한 여종업원이 웃음을 띠고 우리의 음식 시중을 들었습니다. 그 의원의 말을 듣지 않더라도, 그녀의 환한 얼굴로 보아 그녀가 그리스도인이라는 것을 쉽게 알 수 있었습니다. 그렇지만 그는 그녀의 삶의 모습과 그녀가 그리스도를 위해 어떠한 삶을 살고 있는지를 우리에게 말해 주었습니다.

맛있게 점심 식사를 하는 동안, 이런 생각을 하게 되었습니다. **사람의**

관점에서 보면, 이 사람들은 모두 다 뛰어난 사람들이다. 이 가운데 과연 누가 가장 지혜로운 사람인지 판정하기가 어려울 것이다. 그러나 하나님의 관점에서 볼 때 이 여종업원이야말로 우리 모두보다 훌륭한 사람이 아닐까?

야고보는 경건한 지혜는 **첫째 성결하다**고 기록하였습니다. 왜 그랬을까요? 내가 생각하기로는, 야고보는 이 부분에서 세상적인 지혜에 대해서도 언급하고 있기 때문에, 이 특성으로 시작하지 않을 수 없었던 것 같습니다. 그는 인간의 세상적인 지혜는 이기주의적인 야심과 씁쓰레한 시기심으로 특징지을 수 있으며, 정욕적이요, 마귀적이기까지 하다고 말하고 있습니다.

하나님의 지혜는 이와는 완전히 다른 태도를 지니는 것으로 묘사되어 있습니다. 경건한 지혜는 "제일(일등)"을 추구하는 데 관심이 없습니다. 다른 사람이 형통할 때 시기하지도 않습니다.

지위가 높아질수록 시기와 이기적인 야심을 경계해야 합니다. 상원의원들과 손님들, 심지어 상원식당에 있는 종업원들까지도 모두 다 세상적 지혜를 주의 깊게 경계해야 될 것입니다.

하나님은 명성이나 위신, 혹은 지적인 술수에 마음이 동하시지 않습니다. 하나님은 지혜의 첫 번째 특성인 마음의 성결을 찾으십니다. 나는 그날 오후 그 상원식당에서의 여종업원이, 하나님의 관점에서 볼 때, 다른 모든 사람들보다도 어떻게 그처럼 빛이 날 수 있었던가 의아해하지 않을 수 없었습니다. 그녀는 "무엇보다도 성결한" 지혜를 소유하고 있었던 것입니다.

위로부터 난 지혜는 또한 화평합니다. 내가 자랐던 집은 낡고 커다란, 식민지 시대 양식의 건물이었습니다. 마루는 기울어진데다가, 낡은 창문에서는 바람이 새어 들어와 삐걱거렸습니다. 우리는 그 집을 참 좋아했습니다. 커다랗고 우아한 방들은 두 팔을 활짝 벌리고 드나드는 사람들을 맞이하여 편히 쉬게 해주었습니다.

어머니는 우리가 살던 미시간 주 작은 마을의 십대 청소년들에게 관심이 크셨기 때문에, 오빠와 내가 고등학교에 다닐 무렵, 그들을 대상으로 성경공부 그룹을 조직하셨습니다. 인원수가 점점 불어나서 열심 있는 멤버들이 30명쯤 모이게 되었습니다.

그 무렵, 어머니는 종창이 생겨서 수술을 받아야 했습니다. 치료를 받으시는 중에도 어머니는 성경공부를 계속해 나가기로 결심하셨습니다. 어머니는 자리에 누워 계시다가 학생들이 다 모이면 가운을 걸치고 우리를 가르치러 내려오셨습니다. 어머니가 자주 입으시던 가운은 내가 가장 좋아하는 것들 중의 하나였습니다. 그것은 폭포 모양의 레이스에 장미 무늬가 새겨진 하얀 실크 옷이었습니다.

무슨 이유인지는 몰라도 마을에 살던 한 여자가 어머니를 헐뜯으며 돌아다녔습니다. 그 여자는 어머니에 대해 이야기를 나쁘게 꾸며서 헛소문을 계속 퍼뜨렸습니다. 성경공부를 시작하기 전, 우리 어머니는 마치 연극배우가 "등장"하는 것처럼 팔에 장미를 한 아름 안고 흰 가운을 걸치고서 아래층으로 사뿐사뿐 걸어 내려옴으로써, 십대들에게 좋은 인상을 주려 한다는 것이었습니다.

나는 화가 치밀어 올랐습니다. 나는 그 여자에게 어떻게 그렇게 엉뚱하고 말도 안 되는 이야기를 할 수 있느냐고 쏘아붙이고 싶었습니다.

이런 상황에서 어머니도 마음 아파하셨던 것이 분명합니다. 그러나 어머니는 한 가지 특이한 일을 하셨습니다. 이것을 나는 결코 잊을 수가 없습니다. 어머니는 동네 꽃 가게 주인에게 부탁을 해서, 1주일 동안 매일같이 그 여자에게 붉은 장미 한 송이씩 보내 주도록 하셨습니다. 이 장미에는 성경 구절 하나와 격려의 글귀가 적힌 카드를 덧붙이셨습니다. 하나님께서는 이 악의 없는 사랑과 용서의 메시지를 사용하셔서 증오의 벽을 무너뜨리셨습니다. 내가 기억하는 바로는 그 여자는 더 이상 아무런 악담도 하지 않았습니다. 오히려 나중엔 어머니의 가장 충실한 지원자가 되었습니다.

지혜는 화평합니다. 화평하게 합니다. 화평을 얻습니다.

오늘날 우리 주위에서는 화평케 하는 자들―풍랑이 요동치는 바다를 잔잔케 해주는 경건한 지혜를 소유한 사람들―을 찾아보기 힘듭니다. 도리어 많은 사람들이 불만의 흔적을 남기며 다니는데, 이것은 상심, 쓴 뿌리, 영혼의 불안이라는 자취를 통해 쉽게 발견됩니다. 그들의 부정적인 마음의 태도는, 더럽혀진 나뭇잎과도 같이, 그들이 스쳐 지나간 삶의 보도(步道) 위에 온통 뒤덮이게 됩니다.

반면 화평을 심는 자들로 드러나는 사람들은 상처 난 부위에 기름을 발라 주어 고통을 누그러뜨려 줍니다. 그들의 생애는 야고보서 3:18로 잘 요약할 수 있습니다. "화평케 하는 자들은 화평으로 심어 의의 열매를 거두느니라."

위로부터 난 지혜는 또한 관용합니다.

성결과 화평처럼, 관용도 지혜의 한 특성이자 성령의 열매 가운데 하나입니다. (성령의 열매에 대해 열거한 갈라디아서 5:22에 나오는 "양선"은 성결과 같다고 봅니다.) 관용의 삶을 사는 데에는 확실히 성령의 도우심이 필요합니다.

어느 날 밤, 나는 좌절감을 안겨 준 한 가지 상황을 놓고 마음속으로 난감한 전화 통화를 하고 있었습니다. 나는 내가 말할 내용과 상대방이 말할 내용을 번갈아 여러 각도로 풀이하면서 공상을 진행시켰습니다. 잠은

오지 않는데다 캄캄한 곳에서 누워 있자니 마냥 화가 났습니다. (비록 가상적이기는 할망정 논쟁을 벌이는 도중에 어떻게 눈을 붙일 수 있겠습니까?)

마침내 한 시 반이 되어서야 논쟁을 그만두기로 하고 발꿈치를 들고 조용히 다른 방으로 들어갔습니다. 나는 성경을 들었습니다. 골로새서 3:13-14 말씀이 논쟁의 목덜미를 휘어잡더니 나의 화를 여지없이 꺾어 버렸습니다. "누가 뉘게 혐의가 있거든 서로 용납하여 피차 용서하되, 주께서 너희를 용서하신 것과 같이 너희도 그리하고, 이 모든 것 위에 사랑을 더하라. 이는 온전하게 매는 띠니라."

그 다음날 나는 사랑과 관용으로 나를 지혜롭게 해주시고 모든 공상을 지워 버려 주시도록 기도한 후에 통화를 했습니다. 하나님께서는 나의 좌절감을 해소시켜 주시고, 문제가 되었던 것을 화평하게 해결할 수 있도록 도와주셨습니다. 주님의 지혜가 모든 문제의 해결책이었습니다.

내 자신 속에는 지혜가 없습니다. 중년이 되어 나이가 들었다고 해서 지혜를 더 많이 얻게 되는 것 같지도 않습니다. 주님께서 주님의 지혜를 나의 삶 속에서 더욱 효과적으로 사용하시도록 맡기는 것만이 지혜에 이르는 첩경입니다. 여전히 나는 주님의 역사를 가로막을 때가 이따금 있습니다. 그렇지만 나는 늘 다음과 같이 기도합니다. "주님, 주님을 알고, 주님으로 충만케 도와주셔서, 지혜 가운데서 행하게 하옵소서! 주님은 지혜가 충만하신 분이심을 알고 또한 믿습니다."

골로새서 3:16은 분명히 말합니다. "그리스도의 말씀이 너희 속에 풍성히 거하여 모든 지혜로 피차 가르치며 권면하고."

위로부터 난 지혜는 또한 양순(良順)합니다.

나는 순수한 네덜란드인이셨던 아버지, 그리고 오빠, 여동생과 함께 어린 시절을 보냈습니다. 그런 때문인지, 우리는 자주 거창하고 허황된 논쟁을 벌였습니다. 잘못이라는 것을 알면서도 논쟁을 했습니다. 순전히 말싸움하는 재미로 어떤 화제에 대해 반대 의견을 내놓기가 일쑤였습니다. 우리는 서로에게 "승복하는 법"이 없었습니다. 혹 말이 딸리게 되면, 버럭 소리를 지르거나 밖으로 나가 버렸습니다. 조용히 논리를 따져 본다거나, 절충한다거나, 한 가지 결론을 이끌어 낸다는 것이 우리 사고방식에는 허락되지 않았습니다.

후에 나는 결혼을 하게 되었습니다. 남편은 자칭 "반쯤은 인디언이고, 반쯤은 카우보이"라고는 하지만, 실제로는 조용하고, 자신의 먼 과거 어딘가에 머물러 있는 듯한, 말 없는 영국계 사람입니다. 그는 논리적이고 이성적입니다. 그가 논쟁의 내용을 (1)중요하고 (2)올바르다고 인정하지 않는 한, 나는 그를 논쟁에 끌어들일 수가 거의 없습니다. 어찌나 속이 타는지!

그러나 남편은 나에게 지혜의 양순함에 대해 많은 것을 가르쳐 주었습니다. 양순이란 "남의 의견을 존중하고 남에게 기꺼이 양보"(현대어성경)하는 것입니다. 토의를 허용하고 상대방의 말이 옳으면 기꺼이 굴복하는 것입니다. 기꺼이 양보(굴복)한다? 그렇게 할 수 있는 사람이 과연 있을까요?

남편과 나는 최근 몇 해 동안 큰 도움이 되어 왔던 한 가지 기술을 배웠습니다. 그것은 의사소통에 "피드백"을 활용하는 기술입니다. 이것은 특히 상반되는 의견들을 토의할 때 도움이 됩니다. 남편이 자기 관점을 말할 때, 나는 "제가 들은 게 옳다면, 당신이 말하고자 하는 바는…"라고 되풀이하여 말함으로써 그의 의도를 확인합니다. 그는 내가 되풀이한 내용에 대해 동의하거나 수정할 기회를 가지게 됩니다. 마찬가지로 이번에는 그가 나의 의견에 대해 되풀이해서 확인합니다. 이 방법은 우리가 서로를 참되게 이해하는 데 실제적으로 많은 도움을 주었습니다. 또 이것은 어떤 상황을 나의 관점에서보다 상대방의 관점에서 바라볼 수 있도록 도와줍니다. 이렇게 할 때 우리 둘 다 기꺼이 승복하거나, 절충하거나, 잠시 "반대하는 것에 동의"합니다. 나는 지혜가 양순하다는 점을 배우고 있습니다. 지혜는 면밀히 검토해 보아도 흠이 없습니다.

위로부터 난 지혜는 긍휼과 선한 열매가 가득합니다.

신약성경 전반에 걸쳐, 지혜이신 그리스도께서 사람들에게 베푸셨던 풍성한 긍휼과 선한 일들을 찾아볼 수 있습니다. 마가복음 1:30-31에서는 열병을 앓고 있던 자기 장모에 대한 베드로의 관심을 볼 수 있습니다. 장모의 한 사람으로서 나도 이 부분에 특별한 주의를 기울였던 적이 있습니다. 베드로는 그의 장모가 병에 걸린 것을 알고는, 안드레, 야고보, 요한과 함께 곧 예수님께 사정을 아뢰었습니다. 예수님께서는 당장에 반응을 보이셨습니다. 예수님께서는 그녀에게 나아가서 그 손을 잡아 일으켜 주셨습니다. 그녀는 곧 일어나 수종들었다고 성경은 말하고 있습니다.

이 기사를 묵상하면서, 우리는 자주 그 절차를 번복하려고 애쓴다는 생각이 들었습니다. 베드로의 장모는 그리스도의 손길로 치료받고 나서 그 다음에 수종들었습니다. 예수님께서 우리를 만지시기도 전에―그가 우리를 치료해 주시기도 **전에**―우리는 그를 섬기려 애씁니다. 그가 치료해 주시기를 기다린 다음에 사랑과 감사로써 그를 섬기는 게 아니라, 그를 위해 일함으로써 스스로를 치료해 보려고 합니다. 그리고는 우리의 봉사가 왜 그렇게 효과적이지 못할까 의아해합니다.

그러할지라도 그리스도께서는 우리의 허물과 과실을 이해하십니다. 그 분은 언제나 긍휼로 충만하신 분입니다. 우리를 끊임없이 섬겨 주심으로써 자기의 긍휼을 밝히 보여 주십니다.

지혜의 그 다음 속성은 편벽(偏僻)이 없다는 것입니다. 이에 대해서는 여러 성경 번역에 여러 말로 표현되어 있습니다. "흔들리지 않는"(NASB), "편파성이 없는"(KJV), "불확실성이 없는"(RSV), "똑바른"(PH).

이 말은, 지혜로운 사람이라면 어떤 사람이 연관되어 있는지에 개의치 않고 올바른 행로를 따르며, 옳다고 여기면 소신대로 과단성 있게 행동한다는 뜻입니다. 어떠한 역경이 닥쳐오든, 결과가 어떻든, 이리저리 흔들리지 않고 한 가지 결정을 꼭 붙잡는 것을 말합니다.

몇 년 전, 네바다 주 리노에 있는 일류급 식당의 지배인으로 있다 일자리를 잃은 지 얼마 되지 않은 빌이라는 사람을 만났습니다. 빌은 1년 전쯤 한 젊은 초신자를 고용하여 자기가 책임을 맡고 있던 식당의 경영 일을 돕게 했었다고 했습니다. 얼마 지나지 않아서 그곳에서 일하던 여러 명의 대학생들이 정기적으로 성경공부 모임을 시작하였고, 이제 그들은 전자오락을 하는 데다 그들의 봉급을 지출하지 않게 되었습니다. 빌은 "숨은" 그리스도인이었기 때문에, 이 학생들로부터 큰 도전을 받았습니다. 그는 성경공부 모임에 참석하게 되었고 영적으로 성장하기 시작했습니다. 곧 그는 적극적으로 다른 사람들을 그리스도께로 이끌고, 그들이 그리스도와 동행해 나가는 삶을 살도록 열심히 돕게 되었습니다.

몇 달이 지나자, 식당 주인이 빌을 사무실로 불러서 그의 "종교 활동"에 대해 언급했습니다. 주인은 그 식당이 자기 소유인 도박 시설과 연관되어 있었으므로 빌의 그러한 행동이 자기의 도박 사업을 망쳐 놓는 것으로 보았던 것입니다. 마침내 주인은 빌에게 최후통첩을 내렸습니다. 종교 활동을 그만두든가 식당 경영 일을 그만두든가 하라는 것이었습니다. 빌은 즉석에서 식당 일을 그만두기로 결정하였습니다.

빌은 조금 후에 일단의 젊은이들에게 이 이야기를 해주고 있었습니다.

이때 그들 가운데 한 사람이 미심쩍다는 듯이 물어 왔습니다. "아니, 그렇다면 직장을 포기했단 말이에요?"

빌은 미소를 띠며 말했습니다. "물론이지. 나는 내 직장을 포기했다네. 사람들은 직장을 위해 삶을 바치고 있지!"

빌의 증거에는 과장이 없었습니다. 그의 태도는 확고했습니다. 그는 값을 치렀지만, 훨씬 더 큰 보상을 받게 될 것입니다.

우리 고향엔 그 지역에서 가장 품행이 단정하고 매우 활동적인 세 남자 아이를 가진 부인이 있었습니다. 나는 그녀에게서 어머니로서의 최상의 권고를 들었습니다. 성공의 비결이 무어냐는 물음을 받고, 그녀는, "나는 꼭 '아니오'라고 말해야만 될 경우가 아니라면 '아니오'라고 말하지 않아요. 그러나 꼭 '아니오' 하고 말해야 될 경우엔 예외를 두지 않고 그렇게 말하지요. 그뿐이에요" 하고 말하였습니다.

그녀는 분명 범상치 않은 어머니요, 확신 있는 지혜의 여인이었습니다.

위로부터 난 지혜는 또한 거짓이 없습니다. 이 특성에 대해 들을 때 마음에 떠오르는 사람은 누구입니까? 진실되고, 악의가 없는 사람으로 예를 들 수 있는 사람은 누구인가요? 나에게 이 특성을 잘 보여 주고 있는 사람이 있다면 그는 네비게이토 선교회 회장을 역임했던 론 쎄니입니다.

오래 전 남편과 내가 네비게이토 간사로 일하기 시작할 무렵에, 우리는 콜로라도스프링스에 있는 네비게이토 본부인 글린에리 성문 밖의 한 조그만 통나무집에서 살았습니다. 남편은 수양회 일을 도우면서 경험이 별로 없긴 하지만 인쇄소 경영을 했습니다. 그 후 남편은 론 쎄니 가까이에서 일할 수 있는 특권을 누릴 수 있었습니다.

나에 대한 론 쎄니의 태도는 오랜 세월에 걸쳐 조금도 변함이 없습니다. 그는 호의적이고, 친절하며, 친근합니다. 나에게는 그가 거짓 없는 진실한 사람의 전형이라고 할 수 있겠습니다. 나는 그의 안에 있는 이 성품에 대해 감사를 느끼고 있습니다.

❈ ❈ ❈

지금까지 말한 경건한 지혜에 비추어 볼 때, 야고보의 "너희 중에 지혜와 총명이 있는 자가 누구뇨?"(야고보서 3:13)라는 질문에 의아심을 느끼지 않습니까? 그의 다음 말이 의미심장합니다. "그는 선행으로 말미암아 지혜의 온유함으로 그 행함을 보일지니라." 지혜의 특질은 말에 있지 않고 행동에 있습니다. 지혜는 우리의 행동과 행위를 통해서 나타납니다. 모든 것들이 "지혜의 온유함"으로 요약됩니다.

주님,
지혜가 무엇이며
지혜가 하는 일이 무엇인지를
제게 보여 주시니 감사합니다.
이에서 그치지 마시고
계속 저를 가르쳐 주옵소서.

7. 지혜의 결과

 콜로라도의 햇살은 눈이 부셨습니다. 나는 산을 향해 차를 몰아 가고 있었습니다. 나는 생각하였습니다. 주님, 하늘나라도 이보다 더 아름다울 수는 없겠습니다. 주님은 참으로 놀라우신 창조주이십니다!

일을 마치고 집으로 가는 도중에, 나는 다시금 하나님께서 손수 지으신 작품을 감상하면서, 본향에 가서… 영광 중에 하나님과 함께하게 되는 것이 얼마나 놀라울까 상상해 보았습니다. "주님, 바로 지금 본향에 가고 싶습니다. 사람들은 대개 형편이 아주 좋지 않을 때 하늘나라를 사모하겠지만, 지금만큼은 이 순간이 너무도 아름답기에 하늘나라에 가고 싶습니다. 주님의 세계를 더 잘 보고 싶습니다. 주님을 더 잘 알고 싶습니다."

하나님께서는 내 마음속에 전에는 미처 깨닫지 못했던 한 가지 생각을 주셨습니다. "캐롤, 하늘나라에서는 네가 바로 여기서 나를 알아 가는 것처럼 그렇게 나를 알아 갈 수는 없을 것이다."

이에 관해 깊이 생각해 보던 중, 갑자기 그 뜻을 깨닫게 되었습니다. 여기서는 우리가 고난을 통해 하나님을 알아 갑니다. 거기에는 고난이 없을 것입니다. 여기서 우리는 눈물을 통해 하나님을 바라보고, 고통 속에서 주님의 위로를 느끼며, 시련과 환란 가운데서 주님의 음성을 듣게 됩니다. 거기에는 눈물도, 고통도, 시련도, 환란도 없을 것입니다. 우리는 이처럼 귀중한 방법으로, 이 세상에서 하나님을 더 잘 알아 가는 것입니다. 우리는 하늘나라에서는 결코 찾을 수 없는, 하나님에 관한 지식들을 여기에서 배우고 있는 것입니다! 그래서 영원히 주님과 함께하기 위해 돌아가는 그날에 그동안 배운 지식을 가져갈 것입니다.

그러므로 시련을 친구처럼 맞이하는 것이 이상할 게 조금도 없습니다. 고난당하는 것을 기뻐하는 것도 이상할 게 없습니다!

나는 이 놀라운 진리를 깨닫고 아주 신이 나긴 했지만, 이렇게 말씀드릴 수밖에 없었습니다. "아버지, 정말로 큰 격려가 됩니다. 그러나 괜찮으시다면 더 많은 고통을 달라고 기도하고 싶은 생각은 아직 없습니다. 저는 다른 무엇보다 주님을 더 알기 원하지만… 저는 여전히 겁쟁이입니다. 주님 보시기에 가장 좋은 것을 제게 허락해 주십시오."

나는 그분이 그렇게 하실 것임을 잘 압니다.

나는 그날 하나님께서 한 가지 지혜―삶 속의 고통을 통해서 그분의 목적과 계획을 통찰하는 것―를 나에게 가르쳐 주셨다고 믿습니다. 하나님으로부터 오는 진리를 금방 알아낼 수 있느냐 없느냐에 따라 우리가 그분의 지혜에 열려 있는지 없는지가 판가름됩니다. 하나님께서는 과연 매일, 매주, 그분에 대한 새롭고 귀중한 진리들을 가르쳐 주고 계실까요? 하나님은 현저하게 뛰어난 분이시기에, 그분의 속성에 대해 날마다 새롭게 배울 수 있는 교훈들은 끝이 없을 것입니다. 우리가 배우고 있지 않다면, 그것은 하나님의 잘못이 아닙니다. 그분의 가르침에 열려 있지 못한 우리의 잘못입니다.

나는 우리 삶 속에 확실하게 나타날 수 있는 지혜―하나님의 지혜―의 또 다른 모습들에 관하여 숙고해 보기 시작하였습니다. 그러다가 우리가 그분께 열려 있는지의 여부를 판가름할 수 있는 척도가 성경에 있다는 것을 깨달았습니다.

우리가 스스로 자문해 볼 수 있는 한 가지 질문은 이것입니다. "나는 누구 가까이에 있는가?" 우리에게 영향을 주고 있는 사람은 누구입니까? 우리는 어떤 음성에 특별한 주의를 기울이고 있습니까? 한번은 남편과 내가 어떤 의원에게, 새로이 선출된 의장이 어떠한 지도자가 될 것 같으냐고 물어 본 적이 있었습니다. 그는 이렇게 답하였습니다. "그가 주위에 어떤 사람들을 끌어들일 것인지 알아보려고 기다리는 중입니다." 그의 답변은 지혜로웠습니다.

역사상 가장 지혜로웠던 왕 솔로몬은, "지혜 있는 자는 듣고 학식이 더할 것이요, 명철한 자는 모략을 얻을 것이라"(잠언 1:5)고 말하였습니다.

지혜로운 사람은 자격을 갖춘 상담자를 찾을 뿐만 아니라, 또한 친구와 동료도 주의 깊게 선택합니다. 하나님께서는, "지혜로운 자와 동행하면 지혜를 얻고, 미련한 자와 사귀면 해를 받느니라"(잠언 13:20)고 말씀하십니다.

우리는 자신을 그릇된 영향에 방치해 두는 경우가 참 많은 것 같습니다. 너무나 자주, 부지불식간에, 별 생각 없이 주위의 아우성치는 소리에 귀를 기울이고, 세상이 팔고 있는 철학을 사들이곤 합니다. 이렇게 가다가는, 우리의 생각이 범람하는 세속의 사상으로 오염되어, 어느새 우리는 그 희생물이 되어 버렸다는 것도 모른 채, 제대로 한번 싸워 보지도 못하고 익사해 버릴지 모를 노릇입니다.

여동생 조이가 백혈병으로 처음 입원했을 때, 하나님께서는 조이에게 병을 감당할 힘을 주셨으며 많은 병원 직원들에게 증거할 기회도 주셨습니다. 조이가 집에 돌아온 후의 일입니다. 병원에서 근무하는 한 그리스도인이 간호사들의 생각을 전해 주었습니다. 조이가 자기의 병세를 수용하지 못하는 것 같더라는 것이었습니다. 간호사들은 조이는 자신이 불치의 병에 걸려 있다는 사실을 받아들이지 않는 것 같다고 생각했습니다.

우리는 그들이 왜 그런 생각을 하게 되었을까 생각해 본 결과, 조이가 "죽음의 5단계"를 거치지 않았기 때문임을 알았습니다. 어떤 전문가들에 의하면, 죽음에 직면한 사람은 누구나 다섯 단계를 거친다고 합니다. 충격과 거부, 분노, 타협, 절망, 마지막으로 수용하게 되는 과정을 말합니다. 조이는 단번에 다섯 번째 단계로 돌입했던 것인데, 간호사들이 이것을 알아차리지 못했던 것입니다.

그리스도인들은 이 다섯 단계를 거치지 않는다는 말은 아닙니다. 다만 그 단계들을 반드시 거쳐야만 되는 것은 아니라는 말입니다. 우리는 이러한 개념을 하나님 말씀을 기준으로 해서 받지 않고 자주 세상의 관점에서 받아들입니다.

우리가 세상으로부터 물들은 또 한 가지 개념으로서 분노의 표현에 관한 것이 있습니다. 감정을 억누르면 건강에 해롭기 때문에 다 발산해야 한다는 말을 듣습니다. 그러나 성경은 우리에게 성내기를 더디 하고, 침착하며, 말하기 전에 생각하라고 가르칩니다. 우리도 분노를 발산해야 합니다. 그러나 우리는 그것을 하나님께 내보내서, 그분의 도우심으로 감정을 조절하고, 분노를 지워 버리거나, 아니면 성결과 관용의 지혜로써 그것을 다스릴 수 있습니다.

우리의 순결에 대한 수준은 TV, 책, 영화, 잡지, 그리고 신문의 영향을 받아 점차 세뇌되어 가고 있습니다. 그러나 하나님께서는 우리에게 경고하십니다. "너희는 이 세대를 본받지 말고"(로마서 12:2).

이 끊임없는 압력에 대항할 수 있는 한 가지 방법은, 우리를 민감하게 해 주고, 도전해 주고, 교훈해 줄 수 있는 지혜로운 사람들이 모사와 친구와 동료로서 우리 주위에 함께 있게 해주시도록 지혜로우신 하나님께 기도하는 것입니다. 이들은 자신들의 눈을 주님께 고정하고, 우리도 우리의 눈을 주님께 둘 수 있도록 도와주는 사람들이어야만 합니다.

지혜로운 사람을 알아볼 수 있는 또 한 가지 척도는 연단과 순종의 삶입니다. "율법을 지키는 자는 지혜로운 아들이요"(잠언 28:7). 예수님은 이렇게 말씀하셨습니다. "그러므로 누구든지 나의 이 말을 듣고 행하는 자는 그 집을 반석 위에 지은 지혜로운 사람 같으리니"(마태복음 7:24).

마지막으로, 지혜로운 사람은 **행동**으로 그의 명철(이해력)을 드러냅니다. 그의 행동은 선합니다. 그는 거짓을 말하지 않습니다(잠언 24:28). 게으르지 않습니다(잠언 24:30-34). 그릇된 것을 옳다고 말하지 않습니다(잠언 24:24). 편벽이 없습니다(잠언 24:23). 그의 혀는 치료하는 힘이 있습니다(잠언 12:18). 지식을 선하게 베풀어 줍니다(잠언 15:2). 그는 관찰을 통해 배웁니다(잠언 24:32).

지혜가 가져다주는 결과가 얼마나 놀랍습니까! 잠언 24:13-14에는 지혜가 꿀처럼 달다고 했습니다. "내 아들아, 꿀을 먹으라. 이것이 좋으니라. 송이 꿀을 먹으라. 이것이 네 입에 다니라. 지혜가 네 영혼에게 이와 같은 줄을 알라. 이것을 얻으면 정녕히 네 장래가 있겠고 네 소망이 끊어지지 아니하리라."

지금까지 이야기해 온 내용들을 보면, 나는 빙산의 일각, 극히 일부분밖에는 다루지 못했음을 깨달았습니다. 하나님이 내게 주기 원하시는, 하나님의 지혜는 나의 일생 동안 내 속에서 지속적으로 자라 나가게 될 개념이라고 믿습니다.

그러나 이제 나의 연약한 첫 기도의 두 국면이 수정처럼 분명해졌습니다. 시편 90:12의 첫 부분—"우리에게 우리 날 계수함을 가르치사"—은, 내가 구할 때 나를 가르칠 책임이 하나님께 있음을 분명하게 말해 주고 있습니다. 나를 지혜로울 수 있도록 훈계하여 주시겠다는 약속입니다. 둘째 부분—"지혜의 마음을 얻게 하소서"—은 나의 의무가 무엇인지를 잘 보여 주고 있습니다. 곧 주님께 귀를 기울이고, 주님의 빛을 기다리며, 내 마음을 살피고, 지혜에 내 마음을 쏟아야 하는 것이 바로 내가 해야 할 일입니다.

  이 빛나는 진리들이 내 둘레를 비추는 가운데, 나는 하늘을 우러러 이렇게 아룁니다. "하나님 아버지, 감사합니다. 그 다음 내용은 무엇입니까?" 그리고는 주님께서 가르쳐 주실 그 다음 내용을 기대합니다.

제 2 부

아내를 위한 지혜

8. 하나님의 부르심

 전화 설문 조사가 왔습니다. 나는 상대방의 계속되는 질문에 서둘러 대답하고 있었습니다.
"그러면 당신 직업은 뭐죠?"
나는 머뭇거리다가, "작가입니다"라고 대답했습니다.
전화를 끊은 뒤, 나는 내가 답변했던 내용을 한번 돌이켜 생각해 보았습니다. 사실 나는 두께가 얼마 되지 않은 책 한 권을 써서 바로 얼마 전에 출간해 냈습니다. 그렇다고 해서 작가가 내 직업인 것은 아니었습니다. 그것은 부업에 불과했습니다. 나는 여러 가지 일들―운전, 요리, 성경공부 인도, 청소, 강연, 상담―을 하고 있지만, 나의 직업은 아내인 것입니다. 남편 잭의 아내, 바로 이것이 하나님께서 내게 주신 소명입니다. 나의 본업입니다.
나는 주로 가정에서 일에 종사하고 있기 때문에 가정주부라고 합니다.
어떤 부인들의 모임에서 자기 소개를 할 시간이 있었습니다. 여기에 참석했던 내 친구의 며느리는 사람마다 남편의 직업을 가지고 자신의 신분을 밝히는 것에 주목했습니다.
이 젊은 부인은 우리 여자들이 개인으로서의 주체를 잃어버리고 있는 것은 아닌가 염려가 된다고 말했습니다. 나도 그 부인의 생각에 공감이 갔습니다. 우리는 아마도 "세뇌된 아내"가 되어 왔나 보다라는 생각이 들었습니다.

그러나 나중에 다시 회상해 볼 때, 세뇌되어 온 편은 모임에 참석했던 부인들이 아니라 내 친구의 며느리였다는 생각이 들게 되었습니다.

남자들은 자기소개를 할 때, 으레 자기가 하고 있는 일을 말합니다. "나는 마라톤 회사의 판매 관리인인 존스입니다." 나는 어떻게 말해야 할까요? 캐롤 메이홀이라는 사람? 작가? 다혈질적인 사람? 테니스 초보자? 아닙니다. 나는 하나님께서 나 자신을 부르신 목적—나의 사역에 있어서의 주된 목적—과 동일시하지 않으면 안 됩니다. 나는 잭이라는 사람의 아내로 부르심을 받은, 가정주부 캐롤 메이홀입니다. 나는 지금까지 수십 년 동안 이 직업에 종사하여 왔습니다. 바로 이것이 나의 진짜 직업입니다.

그런데 나는 왜 이 중요한 하나님의 부르심을 마치 그것이 무의미하고 무가치한 것인 양 그렇게 부끄러워해 왔을까요? 나는 "가정주부"라는 말이 치사한 말처럼 생각되어서, 스스로 그렇게 부르기를 회피해 왔던 것입니다. 그래서 최근에는 "작가"라고 했던 것입니다.

히브리어로 "여자"란 "남자의 반려자로서 남자를 돕는 사람"이라는 뜻입니다. 나는 남편 잭의 반려자로서, 그가 하나님이 원하시는 사람이 되도록 그를 채워 주고 도와줍니다. 이렇게 할 때, 나 또한 하나님이 원하시는 수준의 사람으로 자연스럽게 변화되어 갑니다. 나를 가정주부로 삼으신 하나님께 감사드립니다!

한 아내가 된다는 것은 일종의 모험입니다! 이 개념을 숙고해 보면서, 나의 이 모험적인 직업에 얼마나 많은 지혜가 필요한지를 알기 시작했습니다. 말씀 한 구절이 내 마음속에 경종이 되었습니다. "무릇 지혜로운 여인은 그 집을 세우되, 미련한 여인은 자기 손으로 그것을 허느니라"(잠언 14:1). 하나님께서는 그동안 나에게 지혜가 무엇인가에 대해 한줄기 빛을 비춰 주기 시작하셨는데, 이제는 지혜로써 할 수 있는 것들이 무엇인지를 말씀해 주기 시작하셨습니다. 나는 나의 집을 세워야 합니다. 그러면 나의 집을 구성하는 것은 무엇일까요? 나는 한 여인의 집은 자기가 영향을 줄 수 있는 사람들로 구성된다는 결론을 내렸습니다. 모든 여인은 세우든지 아니면 헐든지 둘 중 한 가지를 합니다. 이것도 아니고 저것도 아닌 중간이란 있을 수 없습니다.

나는 이 구절을 마음속으로 이렇게 풀어 보았습니다. "지혜로운 여인은 주위 사람들의 삶을 세워 주지만, 미련한 여인은 다른 사람들의 삶을 헐게 된다." 그때 가장 가까이 있는 사람—남편—이 생각났습니다. 나는 남편을 세워 주어야 합니다. 그를 헐어서는 안 됩니다. 이렇게 세워 주는 일은 다각적인 양상을 띠게 됩니다.

나는 결혼에 대해 심사숙고하는 여자들에게 자주 이런 질문을 던집니다. "당신은 이 사람의 아내가 되도록 **하나님께 부르심을 받았다고** 생각합니까?" 결혼은 어쩌다가 빠져 들거나, 다른 일에서 벗어나 보고자 하는 시도가 되어서는 안 됩니다. 그것은 선교사로의 부르심이나 전임 사역자로의 부르심과도 같이 하나님께로부터 온 분명한 부르심이 있어야 합니다. 또한 그것은 독특한 부르심입니다.

로마서 8:28은 우리가 하나님의 뜻(목적)에 따라 **부르심을 입었다고** 말합니다. 우리는 하나님께서 우리를 마땅히 행할 길로 인도해 주실 것(이사야 48:17)과 우리를 주님의 교훈으로 인도하실 것(시편 73:24)을 믿습니다. 하나님의 거룩하신 부르심은 "우리의 행위대로 하심이 아니요, 오직 **자기 뜻**과 영원한 때 전부터 그리스도 예수 안에서 우리에게 주신 은혜대로 하신"(디모데후서 1:9) 것입니다. 그렇기 때문에 하나님의 인도하심 가운데서 결혼하게 되었다면, 우리는 우리의 삶을 위한 주님의 특별한 계획에 부르심을 받은 것입니다.

결혼은 하나님의 부르심이라는 사실을 마음속 깊이 깨닫게 되면, 우리의 태도가 달라집니다. 결혼 생활을 한낱 다른 또 하나의 일거리나 상황 정도로 여길 때 형편이 나빠지면 불평하기 일쑤이고, 어떤 이들은 거기서 빠져나갈 궁리를 하게 됩니다.

　　만일 우리가 선교사로 부르심을 받았다는 확신이 분명하다고 하면, 핍박을 당하거나 사역의 성과가 좋지 못하다 해도, 여전히 우리는 이것이 하나님의 전체적인 계획 가운데 있음을 믿을 것입니다. 하나님께서 우리를 부르셔서 이루게 하실 것을 의심하려 들지 않을 것입니다. 결혼에 대해서도 마찬가지입니다. 한 아내가 된다는 것이 우리를 위한 하나님의 부르심임을 알 때, 우리의 전망은 달라집니다. 사정이 어려워지더라도, 우리는 그것을 하나님의 계획의 일부로 받아들일 수 있습니다. 우리를 온전케 하시고, 그분을 알게 하시며, 난관을 극복할 수 있는 힘을 주시고, 그분을 위한 열매를 풍성하게 맺을 수 있도록 하시기 위한 계획 가운데 있음을 믿을 수 있는 것입니다.

　　아내가 되는 것이 내게 대한 하나님의 부르심임을 확신하게 될 때, 그 사역에 포함되는 게 무엇인지를 확신을 가지고 발견해 나갈 수 있을 것입니다. 그리고 나의 이 사역을 발전시킬 창조적인 아이디어들을 주시도록 창조적인 하나님께 구할 수 있게 됩니다. 이를 통해 나는 남편의 삶을 세워 줄 수 있게 됩니다.

　　오, 아버지시여…
　　한 가닥 지혜를 제게 보여 주시고,
　　그 지혜가 하는 일을
　　조금이라도 깨닫게 하시니
　　감사합니다.

이제 주님의 도우심을 구합니다.
어떻게 세워 주어야 할지
가르쳐 주시옵소서.

9. 남편의 면류관

"어진 여인은 그 지아비의 면류관이나…"(잠언 12:4). 나는 이 말씀을 곰곰이 생각해 보았습니다. 어떻게 어진 여인이 그 지아비의 면류관이 될 수 있을까? 그 구절의 뒷부분 ─ "욕을 끼치는 여인은 그 지아비로 뼈가 썩음 같게 하느니라" ─ 은 이해가 잘되었습니다. 그러나 면류관이 된다는 말은 무슨 뜻인지 분명하게 이해되지를 않았습니다.

아내는 남편에게 왕이 된 것 같은 기분을 느끼도록 해주어야 한다는 말일까? 여기엔 좀 더 깊은 의미가 담겨 있을 것이라는 생각이 들었습니다. 계속 묵상하는 가운데 한 가지 생각이 머리를 스쳐 갔습니다. 면류관이 상징하고 있는 바는 많겠지만, 면류관 하면 무엇보다도 누군가를 아주 특별한 존재로 따로 구분시켜 주는 것입니다.

어느 아름다운 저녁나절, 나는 어떤 부인과 함께 호숫가에서 이야기를 나누고 있었습니다. 달빛은 부둣가 물위를 출렁이고 있었습니다. 내가 이 아름다운 순간을 음미하며 그때의 감상을 이야기하자, 그녀는 다음과 같이 대꾸했습니다. "정말이에요. 그렇지만 제 남편은 이런 데엔 통 관심이 없답니다."

그 말을 듣고 보니, 한 번도 본 적이 없지만 낭만이라곤 조금도 모르는 투박스런 촌사람 같은 인상을 가진 그녀 남편 모습이 얼핏 머릿속을 스쳤습니다.

　대수롭지 않게 무심코 던진 한두 마디―"그이는 오늘 아침 몹시 기분이 상했어요," "그이는 물건을 사려고 할 때마다, 경비 지출에 대해 여간 까다롭지가 않답니다," "그이는 내 생일을 기억해 주질 않는답니다" 등―가 남편을 얼마나 부정적으로 보이게 하는지 모릅니다. 그러한 말은, 남편을 귀하고 존경스러운 사람으로보다는 결점이 두드러진 사람으로 그려 놓게 됩니다.

　"남성 신화를 넘어서"라는 책에서 저자인 안토니 피에트로핀토와 재클린 시메나우어는 4,000명의 남자를 대상으로 조사한 결과 발견했던 꽤 흥미 있는 사실들을 보여 주고 있습니다. 결혼 상대자로서 어떤 사람을 가장 원하는가에 대한 목록을 제시한 결과, "나의 필요에 대해 관심이 깊은 여자" 28.4%, "진실한 여자" 23%, "다정한 여자" 20.8%, "학식 있는 여자" 16.1%, "자신감 있는 여자" 12.2%, "성적인 매력을 소유한 여자" 11.1%, "유머 감각이 있는 여자" 10.3%였습니다.[1]

　"나의 필요에 관심이 깊은 여자"를 원하는 사람들이 제일 많다는 것은 흥미가 있습니다. 아내가 남편의 필요에 깊은 관심을 가지고 있다면, 남편을 특별하고 남다르다고 생각해 주는 것이야말로 가장 큰 필요 중의 하나가 될 것입니다. 아내는 기꺼이 이러한 자기의 생각을 남편이―그리고 세상이―알도록 힘써야 할 것입니다.

　"어떤 회사의 국내 판매 지배인이 뉴욕 시에 들러, 그가 제시하는 조건에 맞는 남자 20명을 모집하는 광고를 신문에 냈습니다. 그는 5년 동안 연봉 35,000달러에, 게다가 그들 독자적으로 사업을 개시할 때 자본금으로 25만 달러에서 100만 달러까지 주겠노라는 제안을 했습니다. 그는 모텔 방에 사무실을 열고, 하루 8시간씩 3주 동안 사람들을 면담했습니다. 3주가 끝날 무렵, 그는 20명의 사람을 얻게 되었습니다.

"그러고 나서 그는 매우 유별난 일을 하였습니다. 이 20명의 남자들에게 그들의 아내들을 면담하자는 것이었습니다. 그는 20명의 부인들과 개인적으로 이야기를 나눈 후, 단지 9명의 남자만 남게 했습니다. 그는 아내들의 학벌이나 아름다움이나 몸가짐을 알아보기 위해서 면담한 것이 아니었다고 했습니다. 그는 아내들이 자기 남편과 한 팀이 되어 남편을 잘 후원해 줄 수 있는지를 알기 원했던 것입니다. 그는 자기가 그들에게 제공한 기회가 거창한 대신, 거기엔 힘든 작업과 헌신이 요구된다고 했습니다. 그는 그들이 아내의 격려와 후원 없이는 성공할 수 없음을 잘 내다보고 있었습니다. 당신의 남편이라면 어땠을까요? 남은 아홉 남자에 속할 수 있었을까요?"[2]

몇 년 전, 남편이 수양회에서 말씀을 전했을 때의 일입니다. 설교가 끝난 후, 어떤 남자 분이 나에게 오더니, "저런 분과 결혼하셔서 행복하시겠어요"라고 말하는 것이었습니다.

나는, "그렇게 말씀해 주시니 감사합니다. 그와 결혼한 것을 그리스도를 구세주로 알게 된 것 다음으로, 가장 행복한 일로 생각하고 있답니다"라고 응답했습니다.

"제 아내도 그렇게 생각한다면 오죽 좋을까요"라며 매우 동경 어린 얼굴로 말하던 그의 모습을 나는 잊을 수가 없습니다.

그때 이런 생각을 하게 되었습니다.

당신의 아내도 당신과 결혼한 것을 무엇보다도 행복하게 생각할 수 있어야 할 텐데요. 남편의 면류관이 되도록 부르심을 받았으니까요.

여기엔 선택의 여지가 없습니다. 우리가 진정으로 어진 아내가 되기를 바란다면, 우리는 마땅히 남편의 면류관이 되어야 할 것입니다. 면류관이 되지 못한다면 그로 "뼈가 썩음 같게" 할 것입니다. 우리는 이 둘 중 한 가지를 선택할 수 있을 뿐입니다. 아내는 남편이 훌륭하고 소중한 사람이라는 것을 알게 해주든지 "그의 사기를 꺾어 그가 하는 모든 일들을 망쳐 놓든지" 둘 중에 한 가지를 하게 됩니다. 남편에게는 아내의 인정(認定)이 절대로 필요합니다. 아내는 남편과의 직접적인 의사소통을 통해서, 또는 다른 사람들에게 그에 관해 이야기하는 방식을 통해 그를 인정해 줄 수 있습니다.

어느 날 오후 파익스 봉을 향해 차를 몰고 있을 때, 라디오에서 흘러나오고 있던 노래 가사가 주의를 끌었습니다. 그것은 한 남자가 자기 연인에게 들려주는 이야기로 지금도 머리에서 떠나지 않고 있습니다. 그는 그녀에게 사랑을 고백하며, 그녀를 기쁘게 해주려고 거짓말을 하게 됩니다. 그는 확고한 마음을 가지고 있지 않았기 때문에, 조만간 그녀를 떠나게 될 것임을 잘 알고 있었습니다. 다음 소절은 이렇게 되어 있었습니다.

"언젠가 난 그대를 떠나리
사랑은 단지 마음의 상태이니까."

그때 나는, "아니야! 그건 사실이 아니야! 사랑이란 '마음의 상태'라기보다는 우리의 행동이야"라고 외치고 싶은 충동을 느꼈습니다.

지난주 친구로부터 이런 말을 들었습니다. 자기 남편이 집에 돌아와서는, "내가 당신을 정말로 사랑하고 있는지 잘 모르겠소. 당신을 대해도 아무런 느낌도 없단 말이오. 집에 들어오고 싶지도 않고"라고 말하더라는 것이었습니다.

세상적인 관점으로 사랑을 생각하기 때문에 이런 태도를 갖게 됩니다. 이 세상에서는, 사랑이란 고작 순간순간의 기분에 따라 오르락내리락하는 감정입니다. 그렇지만 참된 사랑은 훨씬 그 이상의 것입니다. 사랑은 헌신 즉 하나님과 사람에 대한 헌신입니다. 그것은 의지의 헌신입니다. 사랑은 오래 참음과 온유함… 그 밖에 고린도전서 13장에 언급된 모든 품성들이 갖추어진 태도를 말합니다. "내가 사랑하고 싶을 때는 물론, 내가 사랑하고 싶지 않을 때에도 사랑하고 싶을 때까지 사랑하겠습니다"라고 말하는 헌신입니다.

지난 12월 초, 남편이 예쁘게 포장된 꾸러미 하나를 가져왔습니다. 열어 보아도 좋다고 해서 곧 열어 보았더니, 그때까지 본 것 중에 가장 아름답다고 할 수 있는 크리스마스 장식품이 들어 있었습니다. 흰 종이에 여러 겹으로 싸인, 푸른 나뭇가지와 호랑가시나무로 장식된 세 개의 커다란 붉은 양초였습니다. 나는 무척 마음이 흐뭇했습니다. 나는 남편에게 키스로 감사를 표하고, "어머, 어쩐 일이세요?" 하고 물었습니다. 그의 답변은 고전적이었습니다. "당신을 사랑하고 있다는 느낌이 들지 않기에, 행동으로 그걸 나타내고 싶었소"(몇 가지 당면한 일거리들 때문에, 그는 나에게 관심을 줄 여유도 없이 온통 일에 푹 빠져 있었습니다). 나중에 그는, 뭔가 나를 기쁘게 해줄 수 있는 것을 찾아내니까 나에 대한 사랑의 감정이 다시금 더욱 세차게 자기 삶 속에 흘러넘치더라고 말했습니다.

남편과 나는 결혼하기 전까지 세 번씩이나 약혼과 파혼을 반복한 끝에, 마침내 참사랑과 사랑의 감정에 어떤 차이가 있는지를 이해하게 되었습니다. 학교 일에 대한 압박감이 점차 가중되어, 서로가 품고 있던 몇 가지 감정들이 가로막히게 되자, 우리는 서로 간에 사랑이 식어 버렸다고 오해하게 되었습니다.

나는 상당 기간 동안 사랑의 감정을 체험하지 못하는 어려운 시기를 당하곤 합니다. 내가 만일 감정적인 사람이라면, 남편과 "사랑 가운데" 있다는 느낌이 없다고 할 때, 무척이나 견디기 힘들 것입니다. 그러나 사랑에는 종류가 많습니다. 친교, 존경의 표현, 깊은 체험의 교류, 하나님께서 인도해 주신다는 지식에 바탕을 둔 사랑, 보호받고 있다는 느낌, 또 감정적이며 육체적인 성적 사랑 등. 만일 사랑의 근거를 마지막 것에만 둔다면, 남편이 독감에 걸렸다거나, 스트레스가 쌓여서 폭발 직전 상태일 때, 오랫동안 별거하게 되었거나, 그 외 여러 다른 상황에 처하게 될 때, 그 사랑은 식어 버리게 될 것입니다. 부부가 함께 생활을 하다 보면 "남편이 싫다"는 생각이 불쑥 들 때가 있습니다. 사실, 이것을 잘 따져서 생각해 보면, 그것은 아마도 "남편이 한 그 일이 싫다"라고 하는 편이 옳을 것입니다. 그러나 막상 그 시점에서 침착히 따져 생각해 볼 사람이 누가 있겠습니까? 그리고 좋아한다는 말과 사랑한다는 말은 본질상 서로 뒤엉켜 있는 개념이기 때문에, 사랑한다는 느낌이 갑자기 사라지게 되면 도대체 뭐가 어찌 된 영문인지 몰라 의아해하게 됩니다.

  사랑의 헌신이 의지의 행동일 때는, 의아해하는 것조차도 그 빈도수가 줄어들게 됩니다. 수년간 결혼 생활을 해오면서 하나님의 도우심으로 사랑에 헌신이 필요함을 깨닫게 된 이후에는, 사랑을 느끼느냐 느끼지 못하느냐 하는 것은 생각 밖의 문제가 되었습니다. 그리스도인 기혼 여성에게는, 자신의 사랑을 나타내 보여 주는 것이 남편에게 면류관이 되는 길입니다.

  나는 한 남자 분이 이렇게 말하는 것을 들었습니다. "그 사람은 겉보기엔 평범해도, 사실은 특출한 사람임에 틀림없습니다. 그와 결혼한 여자를 자세히 살펴보아야만 알 수 있습니다." "평범한" 사람을 좀 더 자세히 알아보니, 그가 실로 비범한 사람임이 드러났습니다. 이것은 결코 겉으로는 드러나지 않기 때문에 그의 아내의 마음속에 비친 반영을 통해서만 확인될 수 있는 것이었습니다.

  잠언 31장에서는 하나님께서 그리신 경건한 아내의 모습을 볼 수 있습니다. 그녀의 남편은 "성문에 앉으며 사람의 아는 바가" 됩니다. 이 말은 그녀의 남편은 아내 때문에 지역 사회 내에서 존경과 좋은 평판을 받는다는 뜻입니다.

질문: 과연 나의 남편은, 나의 삶이 그를 좋게 비춰 주기 때문에, 그가 만난 적이 없는 사람들에게 "아는 바"가 되고 있는가?

여행 중에 이따금, 남편과 안면이 있는 남자 분에게 소개되어 함께 이야기를 나눌 기회가 있습니다. 그가, "잭에게서 당신에 관한 말을 듣고서, 당신을 꼭 만나 뵙고 싶었습니다"라고 말할 때, 내 마음은 얼마나 기쁜지 모릅니다. 당신은 그의 이 말이 내게 얼마나 큰 영향을 주는지 상상할 수 있으시겠죠? 남편이 내게 그렇게 해주듯이, 나도 사람들 앞에서 남편을 감싸 주고 싶어 합니다. 그 사람들에게는 내가 남편의 유일한 대변자가 되기에 나는 남편을 특별한 사람(사실 그러니까요)으로 나타내 보이길 원합니다. 또한 나는, 그가 나에게 "다른 사람과는 뭔가 다른" 특별한 사람이라는 점을 그도 어떻게 해서든지 알아주기를 바랍니다. 이렇게 해서 나는 남편의 면류관이 되어 그를 세워 주기를 원합니다.

아버지, 저로 하여금 남편의 면류관이 되게 해주시옵소서.
저에게 부르심에 대한 확신을 주시고,
어떻게 세워 줄 것인지를 계속 가르쳐 주시옵소서.
감사합니다.

10. 남편과 함께 성장함

빗방울이 앞 유리창을 때리며 흩어졌습니다. 차 안에는 부르릉거리는 엔진 소리, 빗방울 소리만 가득했습니다. 나는 조금 전 남편 잭과 나누었던 대화 내용을 생각하고 있었습니다.

얼마 전, 다섯 시간 만에 미 대륙을 횡단하는 비행기에 탔던 남편은 옆자리에 앉아 있던 여자에게 물었습니다. "캘리포니아로 이사 가시는 목적이 뭐죠?" 그녀는 입가에 쓴웃음을 살짝 지으며, "행복했던 결혼 생활이 깨져 버렸어요"라고 대답했습니다.

그녀는 동정을 표시하는 남편의 귓가에 자초지종을 털어놓았습니다. 결혼 후 그녀는 직장 생활을 하며 남편의 법학 공부를 뒷바라지해 주었습니다. 마침내 성공적인 변호사가 된 그녀의 남편은 어떤 기회에 자기와 지적 수준이 비슷한 한 여자를 알게 되었습니다. 그는 결국, 자기 아내에 비해 육체적인 매력은 별로 없지만 지적이라는 명분을 내세워 그 여자와 결혼하기 위해 자기와 이혼을 했다는 것이었습니다.

상황이야 경우에 따라 다르긴 하겠지만, 한 배우자가 다른 배우자보다 앞서거나… 또는 그들 자신이 그렇다고 생각할 때가 문제입니다.

대학원 시절에 우리는 교내에 있던 8.5m 길이의 "트레일러(이동식 가옥) 마을"에서 40명의 사람들과 함께 살았습니다. 이웃에 살던 한 부인은, 남편이 대학과 대학원 과정을 마칠 때까지 내내 남편의 뒷바라지를 해주면서, 세 자녀를 양육하였습니다. 그녀는 고등학교를 마치고 그 이상은 정식으로 학업을 계속하지는 못했습니다. 또 그 당시 학교에는 부인들을 위한 교과과정이 마련되어 있지 않았습니다. 그런데 어떻게 해서 그녀는 남편이 몰두하고 있는 그 복잡한 연구를 거들 수 있는 걸까 의아스럽게 생각된 적이 한두 번이 아니었습니다.

학업을 마칠 때까지 우리 부부에겐 아이가 없었습니다. 그래서 우리 집은 몇몇 남자들이 모여서 신학적, 철학적 문제들을 깊이 있게 토의할 수 있는 토론장이 되었습니다. 그들의 대화가 미처 끝나기 전에 자리에 누웠을 때조차도, 나는 침실과 거실 사이에 난 얇은 문을 통해 들려오는 그들의 토론 내용을 원하든 원하지 않든 듣게 되었습니다.

우리는 남편의 학기말 논문이나 학위 논문을 누구에게 돈을 주고 타자를 맡길 형편이 못되었습니다. 조금 서투르긴 했지만 그래도 나의 타자 솜씨가 그보다는 나았습니다. 그래서 나는 그의 연구 과제를 타자하느라고 저녁 시간을 보내는 수가 많았습니다. 그러다 보니 그의 연구 내용들에 관해서도 배울 수 있게 되었습니다. 그래서 나도 그가 이수하고 있던 교과과정에 뒤지지 않을 수 있을 만큼 토의 내용들을 이해할 수 있었습니다. 돌이켜 생각해 보면, 하나님께서 나에게 남편과 더불어 배울 수 있게 해주신 것이 얼마나 감사한지 모릅니다.

그러면, 아내가 남편과 함께 성장해 가기 위해서 무엇을 할 수 있을까요? 남편의 삶을 세워 주기 위해 해야 할 것들과 피해야 할 것들을 몇 가지 제안하겠습니다. 이 제안들은 당신이 당신의 생각을 발전시켜서 남편과 지적으로 비슷한 수준에 머물 수 있도록 도와줄 것입니다.

피해야 할 것들

1. TV 시청. 낮에 하는 연속극에는 지적인 자극을 줄 만한 것이 별로 많지 않습니다. 남편들은 대부분 극중 인물들의 생활사에 관심을 두지 않습니다.

2. 여성 잡지와 낭만적인 소설 및 연재만화 등만을 읽는 것.

3. 뜨개질이나 공예, 꽃 가꾸기 등의 "여성 취미"에만 집중하는 것. 만이라는 말에 주목하십시오, 이것들은 다 훌륭한 취미이며 어떤 취미는 당신을 좀 더 재미있는 사람으로 만들어 줄 것입니다. 그렇지만 어떻게 벽걸이를 만들 수 있는가 하는 설명을 들을 때 사람들은 쉽사리 싫증을 느끼게 됩니다.

해야 할 것들

1. 독서, 독서, 독서. 리더스 다이제스트, 뉴스 잡지, 여행에 관한 간행물, 전기류 및 그 밖의 다양한 주제를 다루고 있는 책들을 읽으십시오. 특별히 당신 남편이 종사하고 있는 분야에 관한 책을 매년 한 권씩 읽는 것을 목표로 하십시오. 당신의 남편은 철학 교수인데 당신은 철학에 관해 전혀 아는 바가 없다고 합시다. 당신은 계속해서 문외한으로 그냥 머물러 있겠습니까? 그에게 입문서를 구해 보십시오. 그는 당신이 보여 주는 관심에 크게 기뻐할 것입니다. 다른 건 몰라도 당신은 최소한 듣고 이해할 수 있을 만큼의 지식을 쌓아 나갈 수 있고, 이따금씩 한두 개의 그럴듯한 질문을 던질 수도 있을 것입니다.

2. 지속적인 배움. 결코, 절대로 배우는 일을 그쳐서는 안 됩니다. 반드시 대학의 특별강좌나 통신교육과정을 이수해야 한다는 말은 아닙니다 (두 가지 다 훌륭한 생각이며 어떤 통신교육과정은 일정 기간 동안에 마쳐야 된다는 부담 없이 당신의 형편에 맞추어 이행할 수 있습니다). 교회

나 도서관, 기타 기관과 단체 등에 단기 과정들이 많이 마련되어 있습니다. 배우는 일을 그만두어야 할 이유는 하나도 없습니다. 오늘 나는 공공 도서관에 전화를 해서, 스페인어 테이프를 빌릴 수 있음을 알았습니다. 내년에 멕시코로 여행할 계획이 있기 때문에, 나는 스페인어 실력을 대학 다닐 때의 수준으로 회복하려고 합니다. 주요 도시에는 응급조치법, 공예, 운동, 대인관계, 교회사, 또는 성경개론 등에 관한 강좌들이 많이 있습니다. 이러한 것들은 계속 늘어 가고 있습니다.

그러나 당신에게는 좀 더 포부가 큰 프로그램이 필요할지도 모르겠습니다. 남편이 박사 학위를 소지하고 있는 나의 한 친구는 대학을 마친 후에, 활동적인 아내요 네 자녀의 어머니로서 석사 과정을 밟기 시작했습니다. 그녀는 남편과 더불어 계속 성장해 나가고 있으며, 최근에는 그와 공동으로 책 한 권을 집필했습니다. 나는 그녀에게 "계속 전진!" 하고 성원을 보냅니다.

우리 모두가 남편과 지적으로 동등한 위치에 있지는 못합니다. 이것이 잘못된 것은 아닙니다. 그러나 포기하거나, 연속극이나 아이들의 세계에만 빠져 있는 것, 우리가 가지고 있는 수십 억 개의 세포들을 일깨우려 하지 않는 것, 바로 이런 것이 슬픈 일입니다. 남편과 함께 성장해 가는 일은 아내로서, 남편의 참된 내조자로서 가질 수 있는 한 특권입니다. 이렇게 될 때, 그는 당신의 노력에 고마움을 느끼게 될 것이고, 당신은 그에게 뿐 아니라, 당신 자신과 다른 사람들에게 좀 더 매력 있는 사람이 될 것입니다.

그런데 여기에서 배우는 일에 자라 가지 못하는 남편의 아내의 경우를 생각해 보면 문제가 될 수 있습니다. 예를 들어, 사업과 같은 한 가지 틀에 박힌 일에만 종사하는 남편일 경우, 성장해 가는 아내가 오히려 그에게 위협이 되지는 않을까요? 이것이 문제를 일으키지는 않을까요?

이 경우에는 특별한 지혜가 요구됩니다. 하나님께서 "우리 주 곧 구주 예수 그리스도와 저를 아는 지식에서 자라 가라"(베드로후서 3:18)고 말씀하셨기 때문에, 아내는 자신의 개인적인 가치를 위해서, 또한 남편에게 도전이 되도록 계속 성장해 가야 합니다. 그러나 아내에게는 자신의 성장을 과시하거나 우월감을 드러내지 않는 참된 겸손과, 남편을 "앞으로 나아가도록" 밀어붙이지 않기 위한 품위와, 남편을 있는 그대로 받을 수 있는 큰 사랑이 필요합니다. 이를 위해 하나님께 간구해야만 합니다. 아내는 모르는 사이에 성장해 가고 있는 사람이 되어야 합니다. 어쨌든 아내는 성장해 가야 합니다. 그렇지 않으면 내적인 생명력을 잃게 됩니다.

3. 새로운 화젯거리를 찾아낼 것. 새로운 시야를 계발하십시오. 새로운 도전을 주시도록 기도하십시오.

하나님께서 매주 하나님 자신에 관하여 새로운 것을 가르쳐 주시도록 기도하십시오. 당신의 특성에 맞는 것을 구체적으로 보여 주시도록 기도해 보십시오.

하나님께서 매달 당신에게 새로운 관심거리를 주시도록 기도해 보십시오. 그것은 시간을 그다지 많이 들이지 않고(당신은 이미 분수에 넘치는 관심거리를 가지고 있을지도 모릅니다.) 신나게 할 수 있고, 또 재미나게 서로 이야기를 나눌 수 있는 것이 좋습니다. 당신 남편이 관심을 갖고 있는 분야나 그가 꼭 알고 싶어 하는 것이 아니라, 당신에게 성장을 가져다 주고 당신의 마음을 넓혀 줄 수 있는 것들이 좋습니다.

4. 재미있는 친구들을 사귈 것. 또는 당신과 관심이 다른 친구들을 사귀십시오. 그들이 자신의 관심에 관한 화제를 가지고 이야기하도록 격려하십시오. 마치 깊은 우물에서 물을 길어 내듯이 질문하는 법을 배우십시오(잠언 20:5 참조).

5. 배울 수 있는 모든 기회를 이용할 것. 오락물 대신에 뉴스와 같은 프

로그램을 시청하십시오. 교회에서 말씀을 전해 준 선교사에게 다가가서 몇 마디라도 얘기를 나눠 보고, 통찰력 있는 질문들도 몇 개쯤 던져 보십시오. 이웃 사람에게는 그가 즐기는 취미가 무어냐고 질문할 수도 있을 것입니다.

6. 남편과 함께 성장해 갈 수 있는 방법에 관하여 새로운 착상들을 주시도록 창조적인 하나님께 기도할 것. 당신 남편에게서도 아이디어를 구하십시오. 모든 사람에게서 구하십시오!

하나님께서는 당신으로 하여금 창조적인 반려자가 되게 하셨습니다. 하나님께서는 부부가 동떨어진 관심 가운데 따로따로 살기보다 부부로서 함께 팀웍을 하는 가운데 날마다 발전하는 삶을 살기를 원하십니다. 또, 남편이 아내보다 월등하게 앞선다거나, 그 반대로 마음과 생각이 둔하고 게을러져서 아무 성장과 배움이 없는 삶을 사는 것을 원하시지 않습니다. 둘이 동떨어져서야 어찌 하나가 될 수 있겠습니까?

그러므로 마음을 넓혀 하나님께 기도하십시오. 다른 사람의 얼굴을 빛나게 하고, 도전과 자극을 주며, 신이 나게 하고, 그릇을 키워 주며, 기쁘게 해줄 수 있는, 보다 깊이 있고 사려 깊은 여인이 될 수 있는 아이디어들을 주시도록 기도하십시오.

성장해 가십시오.

아버지 하나님,
감사합니다.

함께 나눴던 웃음,
흘렸던 눈물,
겪었던 고통,

누렸던 기쁨,
황홀함과
실망과
축복과
시련의 시간들,
이 모든 것들에 대하여
어찌 다 감사할 수 있으리이까?

주님께서는
이 모든 것들을 통해서
주님의 얼굴을
더 밝히 보게 하시고,
서로에게 귀하고 빛나는
친밀감을 느끼게 하셨나이다.

주님,
하시는 일을 멈추지 마소서.

우리로
성장을 계속하게 하소서.
주님의 형상을 닮아 가며
사랑이 더욱 깊어지게 하소서.

사랑 안에서 행하게 하소서.
서로 손에 손을 맞잡고

주님과 함께 걸어가게 하소서.

지혜 안에서 행하게 하소서.
관용하며
양순하고
화평한
주님의 지혜 안에서 행하게 하소서.

성령 안에서 행하게 하소서.
주님의 통치를 받으며
주님 자신으로 온전히 충만하게 하소서.

우리가 모르는 한없이 깊은 곳에 이르게 하시며
우리가 모르는 가없이 높은 곳에 다다르게 하소서.

계속 사랑하며…
계속 사랑받게 하소서.

주님,
감사합니다.

11. 남편을 알아 감

여덟 명의 부인들 사이에 열띤 토론이 벌어졌습니다. 한참 동안 폭넓고 다양한 주제들이 오고 가다가, 마침내 남편을 안다는 것이 얼마나 중요한 문제인가라는 화제로 넘어갔습니다. 이날 오후 예의 바르고 날씬한 까만 눈동자의 여자 잔이 상 받을 만한 아이디어를 냈습니다.

"그이와 나는 여러 면에서 차이가 많아요." 그녀는 설명을 시작했습니다. "특히 의견 차이가 있는 문제를 다룰 때 더욱 그렇지요. 그이는 링에 올라서서 치고 덤비기를 아주 좋아하지만, 난 할 수만 있으면 어떤 싸움이든 다 피하려 하거든요.

"어느 날 문득 한 가지 생각이 떠올랐어요. 어떤 친구들과 만난 후에는 그가 크게 자극을 받고 아주 신바람이 나서 집에 돌아오지만, 또 다른 어떤 사람들과 시간을 보낸 후에는 풀이 죽어 맥없이 돌아오곤 했지요. 대체 어떤 사람들이 그를 자극해서 그의 의욕을 북돋워 줄 수 있나 궁금하게 생각하기 시작했습니다. 그래서 그를 북돋워 주고 의욕을 불러일으켜 준 사람들과 그의 사기를 꺾어 놓고 풀이 죽게 만든 사람들에 대해 각각 자세히 연구해 보기로 했답니다. 놀랍게도 처음 그룹 사람들의 공통점은 그의 생각에 대해 자신들의 의견을 거침없이 자유롭게 발표한다는 것이었습니다. 그들은 그에게 도전해서 그로 하여금 좀 더 예리하게 생각할 수 있도록 해주었습니다. 그는 매우 객관적인 사람이어서 이런 것 때문에 부담을 느낀다거나 기분이 상하지는 않았지요. 반면 나중 그룹의 사람들은 그의 생각이 무엇이든 동의했기 때문에 그는 안달이 났던 거죠.

"그래서 나는 그가 바라는 아내가 될 수 있도록 기도하면서 '권투 장갑을 끼고 링에 오를 수 있는' 용기를 간구했어요. 내가 이렇게 할 수 있기 위해서는 용기가 필요했거든요. 얼마 후에 그이는 내가 받아들일 수 없는 의견 하나를 꺼내게 됐죠. 나는 이때다 싶어서 숨을 한 번 크게 쉰 후에, '나는 그 의견에 100% 반대해요!'라고 했어요. 당장에 말싸움이 시작됐어요. 불꽃 튀는 설전을 벌이는 동안 나는 속으로 얼마나 조마조마했는지 모른답니다. 그런데 느닷없이 그이가 고개를 뒤로 젖히면서 폭소를 터뜨리는 거예요. '와, 이거 놀라운 일이군! 우리 좀 더 자주 싸우자고.'"

잔은 지혜로운 여자입니다.

잠언에 "철이 철을 날카롭게 하는 것같이 사람이 그 친구의 얼굴을 빛나게 하느니라"(27:17)는 말씀이 있습니다. 하나님께서는 당신이 남편의 삶을 빛나게 해주는 사람, 그에게 상처를 내어 피가 나게 하는 사람이 아니라 그의 마음의 모난 부분들을 갈아 내는 사람이 되기를 원하십니다.

하나님께서 우리에게 허락하신 남자를 잘 알아야 한다는 말은 자주 듣고 있지만 그 방법에 대해서는 별다른 의견을 들을 수 없는 것 같습니다. 잔은 그때까지만 해도 내가 미처 생각지 못하고 있던 한 가지 방법을 멋지게 제시해 주었습니다. 그녀는 남편인 봅에 합당한 아내가 **되기를** 기도했던 것입니다. 날이 갈수록 그녀는 남편의 참필요를 채워 주는 아내로 점점 더 성숙해 갈 것입니다.

우리가 남편의 삶을 세워 줄 수 있기 위해서는 그를 알아야 합니다. 그러나 그를 아는 데에는, 참으로 그를 아는 데에는 수년이 걸릴 것입니다. 남편은 끊임없이 변모해 갑니다. 우리 자신이 그러하듯이 말입니다. 그러기에 이 과업을 끝맺는다는 것은 거의 불가능합니다. 그래도 이 과업은 보상이 있는, 끊임없는 보상을 약속해 주는 그러한 과업입니다. 하나님께서는 우리에게 명철을 주셔서 성공할 수 있도록 도와주실 것입니다.

남편을 잘 알기 위해 배워야 할 중요한 한 가지는 질문하는 기술입니다. 그가 답변하는 데 흥미를 느낄 수 있고, 당신 자신에게도 유익이 되며, 질적으로 깊이가 있고, 또 부담스럽지도 않은 질문들을 잘 던지는 법을 배우십시오. 당신이 남편에 대해 얼마나 잘 알고 있는지 평가해 보기 위해 일곱 개의 질문을 주겠습니다.[1] 이 중 몇 가지는 당신이 "데이트" 할 때 흥미 있는 대화를 이끌어 갈 수 있는 도약대로 사용할 수도 있겠습니다.

1. 지금까지 일어났던 일 중에서 남편에게 가장 큰 기쁨이 되었던 것은 무엇입니까?
2. 그의 삶에서 가장 어려웠던 경험은 무엇입니까?
3. 그의 내면에 있는, 보이지 않는 야망, 삶의 목표는 무엇입니까?
4. 그의 마음 깊숙이 감추어져 있는 두려움은 무엇입니까?
5. 그는 당신의 어떤 점을 가장 좋게 생각하고 있습니까?
6. 당신이 지니고 있는 성향 중에서 고쳐졌으면 하고 그가 바라는 것은 무엇입니까?
7. 그가 가장 존경하는 사람은 어떤 사람입니까?

책을 읽을 때는 대화를 촉진시킬 만한 재미있는 생각이나 질문들을 메모해 두십시오. 다른 부인들에게서 좋은 질문 거리들을 구하십시오. 침묵의 두꺼운 벽을 깰 수 있는 아이디어들을 얻기 위해서 의사소통에 대한 강좌를 듣거나 책을 읽으십시오.

기도하십시오. 창의력이 풍부하신 하나님께, 두 사람 사이에 가로놓인 침묵의 개울을 건널 수 있는 다리를 놓기 위한 아이디어를 구하십시오. 함께 여행할 계획을 세워 보십시오. 하루를 시작하면서 남편에게 그날의 일정—약속이나 모임, 중요한 결정 사항 등—이 어떻게 되느냐고 물어 보십시오. 하루의 삶을 놓고 기도할 때, 당신 남편을 위해서도 기도하십시오. 이렇게 할 때, 당신은 남편의 삶에 더욱 깊이 동참하게 되고, 그에게 통찰력 있는 질문들을 더 많이 할 수 있게 될 것입니다.

둘째로, 그의 습관과 그가 하는 일을 자세히 살펴보십시오. 그의 동작은 빠른 편입니까, 아니면 습관적으로 굼뜬 편입니까? 그는 아침나절을 좋아하나요, 아니면 오후, 혹은 저녁을 좋아하나요? 그는 깔끔합니까, 아니면 털털합니까? 그는 꿈을 잘 꾸는지요? 백일몽을 꾸지는 않습니까? 공상을 잘합니까? 공상을 한다면 무엇에 대한 공상을 합니까? 그는 연단된 삶을 살고 있습니까? 어떤 영역에서 그렇지요? 그를 지루하게 한다든가 그의 신경을 건드리거나 짜증 나게 하는 일은 무엇입니까?

스스로 많은 질문들을 던져 보고 해답을 찾을 때까지 그에 대해 연구해 보십시오. 그를 알아야 합니다. 그를 분개하게 만드는 것, 그를 지겹게 하는 것, 초조하게 하는 것, 놀라게 하는 것, 실망시키는 것들은 무엇입니까? 그를 연구하십시오!

정월 어느 일요일 저녁, 남편과 나는 여행에서 돌아오는 길이었는데, 영하 16도나 되는 추위로 댈러스 공항에 발이 묶여 있었습니다. 갑작스레 엄습해 온 예기치 못한 추위였습니다. 시내에 전차들이 다닐 수가 없었고, 터미널은 꽁꽁 얼어붙었으며, 전자 괘종시계도 제대로 작동이 안 될 지경이었습니다. 그 추위 속에서 다른 터미널로 실어다 줄 버스를 기다리는 동안 나는 머리가 쪼개질 듯 아팠고, 피곤해서 거의 쓰러질 지경이었습니다.

이와 같은 상황에 처하면, 나는 의식적으로 억지로라도 쾌활한 표정을 짓습니다. 나는 암담한 환경에 굴복되기를 몹시 싫어하기 때문에 의식적으로 애써 즐거워하려고 노력하고, 농담을 해서 어려움을 이겨 내보려고도 하며, 주위에 있는 중년 부인들을 도와주려고 애를 쓰기도 합니다. 사실, 나는 수다스럽다 못해 정도를 지나치게 됩니다. 그날 저녁 얼굴을 찡그리고 서 있는 사람들 사이에서도 나는 그만 지나치게 지껄여댔기 때문에, 어쩌다 여행하는 사람 같으면, "비행기란 다 늦어지나 보다. 언젠가는 곧 오겠지"라고 생각하게 만들 정도였습니다. 바로 그때 남편이 손으로 내 다리를 꾹 누르는 것을 느꼈습니다. 이것은 바로 그가 내게 "여보, 말이 너무 많아. 제발 좀 조용히 하오!"라고 말해 주는 표현이었습니다.

그것으로 충분했습니다. 나는 "조용해졌습니다." 나는 남은 여행 동안 내내 입을 닫고 말을 하지 않았습니다. 그 일이 있고 난 다음 약 2분가량 지나서 그가 말문을 열었습니다. "여보, 미안하오. 내가 당신을 받아주지 못했나 보오. 용서하길 바라오." 그러나 때는 이미 늦었습니다. 나는 이미 두통과 울적한 기분에 완전히 사로잡혀 있었으니까요. 새벽 두 시가 되어서야 우리는 집에 도착했습니다. 우리는 서로 미안하다고 말하고는 곧 잠자리에 들었습니다. 내겐 더 이상 상한 기분이 남아 있지 않았습니다. 아무런 느낌도 없을 만큼 그것을 말끔히 지워 버렸습니다.

다음날 아침 나는 그 전날 있었던 일을 모두 잊어버릴 뻔했습니다. 그러나 그 일이 내게는 전에 미처 생각지 못했던 한 가지 영역에서 서로를 좀 더 잘 알 수 있게 해준 좋은 기회였음을 깨달았습니다. 먼저 나는 나 자신을 잘 이해하기 위한 지혜를 주시도록 하나님께 기도하지 않으면 안 되었습니다. 나는 왜 불쾌한 상황에서 억지로 즐거움을 조장해야 할 필요가 있다고 느끼는 것일까? (그 이유는 잘 모르겠지만 이런 식의 반응은 십대 이후로 계속되어 온 것임을 알게 되었습니다.) 둘째로 나는 어려운 상황에 처하게 될 때 남편이 보통 어떠한 반응을 보이게 되는가를 깊이 생각해 볼 수 있도록 하나님께 도움을 요청해야만 했습니다. 그러한 상황에 처하게 되면 그는 뒤로 물러나 점차 말이 없어지며, 계속 나를 도와주려고는 하지만 겨우 그것을 "감수하는" 정도라는 사실을 깨닫게 되었습니다. 이것은 도에 지나칠 만큼 도와주려고 하는 나의 반응과는 정반대 되는 것이었습니다. 그러한 나의 반응 때문에 그가 기분이 상했었다는 것은 당연하기도 합니다. 사도 바울이라도 그랬을지 모릅니다.

커피를 마시면서 우리는 그 점에 대해 얘기를 나누었습니다. 나는 내가 깨달았던 것들을 그에게 말해 주고서 다음과 같은 질문을 했습니다. "앞으로는 지난밤 같은 경우에 말을 많이 하지 않도록 힘쓰겠어요. 그렇지만 그렇게 할 수 없는 경우에, 내가 한마디 말도 없이 있는 게 좋겠어요, 아니면 공항에서와 같이 하는 게 좋겠어요?" 그는 본연의 내가 되길 원한다고 대답했습니다. (어찌나 고맙던지!)

그날 아침 우리는 서로를 보다 잘 이해할 수 있게 되었습니다. 그때까지만 해도 나는 달갑지 않은 환경을 당해서는 그가 어떻게 반응하는지를 한 번도 분석해 본 적이 없었는데, 이제는 그를 좀 더 잘 이해할 수가 있게 되었습니다. 그의 묵묵한 태도를 이해할 수 있게 되니, 나의 재잘거리는 것을 그가 언짢아하리라는 것도 당연히 잘 알게 되었습니다. 그만큼 우리가 기도하며 숙고했던 의미가 있었습니다.

셋째로, 남편이 좋아하고, 남편에게 격려와 도전을 주는 사람들을 잘 살펴보아야 합니다. 잔이 그러했듯이 말입니다. 당신 남편에게 격려와 도전을 주는 사람들에게서 발견되는 공통적인 특성들은 무엇인지 파악해 보십시오. 그리고 당신을 빚어 주셔서 이러한 특성들을 계발시켜 주시도록 하나님께 기도하십시오.

넷째로, 사람들에 대한 일반적인 이해와 당신 남편에 대한 이해에 특별한 도움을 줄 수 있는 글이나 책을 공부해 보십시오. 여러 면에서 내게 이해의 빛을 던져 주었던 책은 팀 라헤이의 성령과 기질입니다. 이 책은 담즙질과 점액질이 섞인 남편과 다분히 다혈질인 나 자신이 상이한 사고 구조를 가지고 사물에 접근해 간다는 사실을 밝혀 주었습니다. 폴 투르니에의 서로를 이해하기 위하여는 개성의 차이를 통찰하게 해주었습니다. 지각 있게 골라 읽는다면 신문, 잡지 기사들도 훌륭한 정보의 원천이 될 수 있습니다. 외식을 할 때면 혹시 당신은 남편이 판에 박은 듯이 감자와 쇠고기 요리만 찾는 것 같아 짜증이 난 적은 없습니까? 조이 브라더스 박사에 의하면 외식할 때에 남자들은 대부분 매번 똑같은 음식을 주문하지만, 여자들은 색다른 음식을 먹어 보고 싶어 하는 경향을 가지고 있다고 합니다. 또한 남자들은 여자들만큼 모험적이지 못하여 대부분의 논쟁이 십중팔구는 아내 쪽에서부터 시작된다고 설명하고 있습니다. 남성들은 여성들과 싸우려 들지 않고 너그러운 태도로 그들을 대합니다. 반면 여자들은 쉽게 실망하며 자신과 남편에 대해 곧잘 염려하곤 합니다. 하지만 여자들은 대수롭지 않은 문제가 아니라, 생사가 걸린 심각한 문제에 처했을 경우에는 남자들보다 덜 자포자기하는 것 같습니다. 여자들은 남자들보다 더 자주 악몽에 시달리며, 두드러지게 잠을 많이 자고, 쉽게 감기에 걸리곤 합니다.[2] 이상의 것들은 우리의 배우자뿐 아니라 우리 자신을 이해하는 데 도움이 되는, 재미있는 관찰 내용들입니다.

  당신은 잡지에 소개된 간단한 테스트를 통해서 "행복한 결혼 생활"을 누리고 있는지를 확인해 본 적이 있습니까? 부정확한 것들도 많이 있지만, 서로를 이해하는 데 어느 정도 도움이 되기도 합니다. 잘되면 유익이 되겠고, 못돼도 웃음을 선사해 줄 수는 있을 것입니다. 패밀리 위클리[3] 지에 투고된 메리 밀러의 최근 글은, 남자와 여자가 판이한 기대 속에서 결혼 생활을 해나가고 있음을 보여 줍니다. 이 사실을 이해하지 못할 때

갈등이 빚어질 우려가 있습니다. 그녀의 보고에 의하면, 펜실베이니아 주립 대학교의 클리포드 애덤스 박사는 결혼 생활의 요건 여섯 가지를 열거한 다음 6,000명의 부부들을 상대로 그들이 중요하다고 생각하는 순서를 따라 등급을 매기게 하였습니다. 이 조사 결과를 보면 남편과 아내가 무엇을 보다 더 중요하게 여기고 있는지 그 차이를 잘 알 수 있습니다.

남자
1. 동반자(同伴者) 정신
2. 성(性)
3. 사랑과 애정
4. 가정과 가족
5. 배우자에 대한 격려
6. 안정

여자
1. 사랑과 애정
2. 안정
3. 동반자 정신
4. 가정과 가족
5. 배우자에 대한 격려
6. 성

이 부부들에게 또한 그 배우자들이 중요하게 여기리라고 예상하는 바도 순서대로 기록하게 했는데, 남편들은 그 아내들의 첫 번째 선택 목록으로서 "가정과 가족"을 적었으며, 반면에 아내들은 "성(性)"을 적었습니다.

결혼과 가정 상담자 협회 회장인 셀마 밀러 박사는 동일한 기사의 인용문에서 다음과 같이 말했습니다. "결혼 생활에서 발생하는 문제들의 주된 공통적인 원인은 두 배우자의 필요가 서로 일치하지 않는다는 것이지만 그런데도 그들은 이 사실을 잘 모르고 있기 때문에 그 문제에 대해 서로 논의하지 못하고 있습니다. 그들이 알고 있는 것은 단지 자기가 불행하다는 사실뿐입니다."

만일 우리가 이 "전형적인" 범주에 속하는 사람들이라면, 이것을 통해 우리가 알 수 있는 것은 무엇일까요? 남자는 그의 아내가 친구요 동료가 되어 주길 바라며 수년을 안달하면서 보낼 것이고 여자는 자기 아버지가 자기를 대해 주었듯이, 그녀의 남편이 아버지같이 자기를 대해 주길 바라며 고심하는 가운데 수년을 보낼 것입니다. 그러므로 아내 된 우리는 남편의 사정이 어떠하며, 남편이 결혼 생활에서 기대하는 바가 무엇인지를 알 수 있는 지혜뿐 아니라, 서로의 관계에 진실로 필요로 하는 것이 무엇인지 알 수 있는 지혜도 필요합니다. 지혜를 얻기 위해서는 많은 연구와 기도를 수반하는 복합적인 과정이 필요합니다.

나는 지금까지 남편을 잘 알 수 있기 위한 몇 가지 방법들의 단면만을 다루었습니다. 우리는 모두 다 서로 다른 사람들이기 때문에 이것을 계속 다룬다는 것이 어느 면에서는 무익할지도 모르겠습니다. 그렇지만 지금 즉시 잠깐 시간을 내어 이 모든 문제를 하늘에 계신 우리 아버지께 내맡겨 보십시오. 그분께 지혜와 이해와 통찰력을 주시고, 그리고 남편의 성격, 필요 및 생각을 알려 주시도록 구하십시오. 생명이 다하는 그날까지 명철함이 나날이 자라 가며, 하나님의 형상으로 창조된 또 하나의 인격자를 밀도 깊게 발견해 나가는 신나는 모험을 끊임없는 자각 가운데 이루어 가고자 하는 열망을 주시도록 기도하십시오.

12. 남편을 귀하게 여김

"그 말은 한 번만 더 들으면 구역질이 날 거예요." 그녀가 소리 질렀습니다. 공감이 가고도 남는 말이었습니다. 우리 여자들은 남편을 격려하고, 높이고, 귀하게 여기고, 받아주어야 한다고 글에 오르내리고, 충고를 들으며, 격려받기도 하고, 부추김을 당하기도 합니다. 사실 우리는 진저리가 날 만큼 그런 말들을 많이 들어 왔습니다.

그런데 무엇보다 분통 터질 노릇은 우리가 듣고 있는 그런 말들이 진리라는 점입니다. 남편을 귀하게 여길 줄 알고 높여 줌으로써 그를 세워 줄 수 있는 아이디어들을 소개하고 있는 글들이 많이 있는데, 여기서 나는 다소 다른 각도에서 이 문제를 살펴보기로 하겠습니다.

몇 년 전, 가계에 여유라곤 거의 하나도 없을 때, 시어머니께서 나에게 베이지 색 헌 겨울 코트를 주셨습니다. 나는 그 코트에 대해 감사하기는 했지만, 베이지 색은 나를 식은 토스트처럼 보이게 했기 때문에, 7달러씩이나 들여 그것을 밝은 푸른색으로 염색하였습니다.

어느 날 나는 그 코트를 입고서 시내에 나갔는데, 염색한 헌 옷을 입고 있다는 생각에 매우 초라함을 느꼈습니다.

넓은 인도의 반대편에 있던 한 부인이 방향을 바꿔 나에게 다가오더니 미소를 띠며 말했습니다. "당신 코트가 하도 아름다워서 이야기하지 않고 그냥 지나칠 수가 없더군요." 그녀는 내가 말을 꺼내기도 전에 자기 갈 곳으로 곧장 가버렸습니다.

그 후 몇 해 겨울 동안은 기쁜 마음으로 그 옷을 입고 지냈으며, 낯모르는 여자의 깊은 관심에 대해 하나님께 감사하곤 했습니다.

성경은, "네 손이 선을 베풀 힘이 있거든 마땅히 받을 자에게 베풀기를 아끼지 말며"(잠언 3:27)라고 말합니다. 나는 이 구절을 묵상할 때 이것은 하나님의 명령이므로, 순종치 아니하면 죄가 된다는 사실을 깨달았습니다. 당신은 어떤 사람을 격려하거나 그에게 감사하지 못하는 것이 죄라는 생각을 가져 본 적이 있습니까? 자신이 명하신 것이기 때문에, 하나님께서는 우리에게 능력을 주셔서 거리낌 없이 다가가 입을 열어 말할 수 있도록 도와주십니다. 우리는 감사의 말을 하는 데 깨어 있을 수 있도록 수시로 하나님께 기도해야 합니다. 우리는 당연시하며 그냥 넘겨 버리는 일들이 얼마나 많습니까? (그러고는 남편이 우리에게 대해 당연시하며 그냥 넘겨 버리는 것에는 불평들을 합니다!) 최근에 당신은 당신과 아이들을 위해서 종일 수고하는 남편에게 감사를 표현해 본 적이 있습니까? 집에 일찍 들어오거나, 그럴 수 없을 때 전화를 해준 것에 대해 감사했습니까? 자동차를 정비해 줄 때는 어떠했습니까? 잔디를 깎고 삽으로 마당을 다듬어 준 일은요? 그가 당신과 결혼하여 준 것이 무엇보다 기쁜 일이며, 건강이 좋지 않을 때 그가 보여 준 염려와 관심이 고마웠다고 말해 본 적이 있습니까?

그리고 당신이 처음에 매력을 느꼈던 그의 자질들—예를 들어, 건강, 유머 감각, 검은 눈…—에 대해 최근에도 찬사를 보내고 있습니까? 이 중에는 당신 남편에게 해당되는 게 하나도 없을지 모릅니다만 열심히 생각해 보면서 그를 고맙게 여기고 그에게 경의를 표할 수 있는 방법을 알려 주시도록 기도를 많이 하십시오.

여러 해 전, 남편은 스키 사고를 당해 다리 한쪽을 6주 동안 깁스하고 있어야 했습니다. 어느 날 저녁 그는 일을 마친 뒤, 다리를 위로 올린 채 침대 위에 앉아서 나를 물끄러미 쳐다보더니, "여보, 당신 너무 바쁜 것 아냐?" 하고 말했습니다.

나는 놀라서 그를 흘깃 바라보고는 질문 공세를 펴기 시작하였습니다.
"글쎄요, 제가 당신을 소홀히 여긴다고 생각하시나 보죠?" 내가 물었습니다.
"아냐." 그가 대답했습니다.
"제가 린을 제대로 돌봐 주지 못한다고 생각하세요?"
"아냐." 그가 말했습니다.
"그러면, 가정을 소홀히 했나요?"
"아마, 조금은." 그는 싱긋 웃으면서 완곡하게 말했습니다. "그러나 내 말뜻은 그게 아냐."

나의 온갖 질문에도, 그는 그가 의미했던 바를 정확히 설명해 주지 않아서 나는 짜증이 났습니다. 너무 바쁜 것은 나의 원하는 바도 아니었습니다. 그런데 "너무 바쁘다"니 도대체 그게 무슨 말이며 그것이 그에게 어떤 영향을 주었단 말인가? 나는 주님께 매달려 도우심을 요청하지 않을 수 없었습니다.

하나님께서는 신실하게도 남편의 의도를 내게 알려 주셨습니다. 남편은 여러 가지로 분주하게 움직이던 생활에서 물러나 갑자기 매일의 저녁 시간과 대부분의 주말을 침상에서 보내야 했습니다. 반면에 나는 일거리를 조금도 줄이지 않고 남는 시간에 그의 시중을 들었습니다. 그가 책을 읽거나, 연구하고 생각하거나, TV을 보는 동안에, 나는 다리미질을 하기 위해 다리미 받침을 거실로 옮기거나, 설거지를 하느라 부엌에서 왔다갔다 하거나, 침실에서 성경공부를 하곤 했습니다. 내가 이처럼 분주했기 때문에, 그와 함께 편히 쉬면서 우리에게 안겨진 여유를 즐길 수가 없었습니다. 그가 느꼈던 바는 바로 이것이었던 것입니다.

나는 내 일과 중에서 우선순위를 따라 덜 중요한 항목들을 다 없애고 남편과 함께 앉아 쉬며 이야기할 시간을 마련하였습니다. 남편이 나의 우선순위 목록에서 엄연히 두 번째임을 알고 있었으나(첫째는 하나님), 나는 그와 함께 휴식을 취하는 것도 이것에 포함된다는 사실을 잊었던 것입니다.

남편의 삶을 세워 주고, 당신이 그를 고맙게 여기고 있음을 그에게 알려 주는 가장 효과적인 방법 중 하나는 당신이 100퍼센트 그와 함께 있음을 끊임없이 그에게 확신시켜 주는 것입니다. 이런 점에서 내가 남편에게 실망을 안겨 주었던 일이 생생하게 기억납니다.

그때는 나에게 극심한 좌절의 시기였습니다. 제자 훈련을 위해, 그리고 우리 사역을 돕기 위해 네 사람이 우리 집에서 함께 살고 있었습니다. 우리가 감당해야 될 일은 퍽 힘이 들었습니다. 그러나 나를 좌절시킨 것은 그것이 아니었습니다. 그러한 책임은 얼마든지 잘 감당할 수가 있었습니다.

문제는 남편이었습니다. 여러 주 동안을 그는 극도로 냉담하고 우울한 가운데 말없이 지내 왔습니다. 내가 그 무관심의 벽(나에게는 그렇게 보였습니다)을 깨뜨리려고 애쓸수록 장벽은 더 두터워지는 것 같았습니다. 보통 때 같으면 그는 내가 침묵을 지키고 있을 경우 으레 반응을 나타내 보이건만 이번엔 침묵조차도 묵살해 버렸습니다. 나는 아내나 동반자라기보다는, 가구의 일부나, 기껏해야 무보수 피고용인처럼 생각되기 시작했고, 나의 태도는 갈수록 악화되어 갔습니다. 그렇지만 여전히 그는 나에 대해 전혀 아랑곳하지 않는 것처럼 보였습니다.

급기야 나의 감정은 폭발하고 말았습니다. 나는 곧장 그의 서재에 들어가 두 눈으로 그를 똑바로 응시한 채 몇 마디 말로 그를 몰아쳤습니다. 나는 더 이상 참을 수 없으니 하루 동안 밖에 나가 있을 것이며(린은 학교에 가고 없었습니다), 몇 시에 돌아올지 어디로 갈지 모르며 또 내 알 바도 아니라고 그에게 말했습니다.

그러자 그는 나를 쳐다보았습니다. 말 그대로 나를 쳐다보았습니다. 나는 그가, "당신까지 나를 반대한단 말이요?"라고 느리게 말할 때 그의 눈에 어리던 상처받은 모습을 결코 잊을 수가 없습니다.

나는 그 즉시 내 마음에 있던 벽을 무너뜨렸습니다. 그의 멍들고 터진 모든 상처가 여실히 드러났습니다. 그는 우리 집에 살던 몇 사람에게서 심한 비평을 듣고 있었습니다. 그는 찔리고 상한 자기의 모습을 내게 알리기를 원치 않았습니다. 그는 고통을 자기 홀로 다 담당하려 했고, 그렇게 하다 보니 결국 나까지도 그를 반대한 셈이 되었던 것입니다. 나는 그가 우울했던 이유를 잘못 알고 있었습니다.

우리는 함께 울었습니다.

우리는 다시는 서로의 사정을 숨기지 말고, 또 어려움을 혼자서만 감당하려 하지 말자는 데에 동의했습니다. 이것은 나에게 큰 교훈이 되었습니다. 남편이 나의 신뢰와 지원과 도움을 필요로 했던 바로 그때에 나는 그와 100퍼센트 함께하지 않았기 때문에 그를 실망시켰던 것입니다. 이 교훈을 나는 결코 잊지 못할 것입니다.

남편들은 우리가 자신들의 결정에 동의하지 않을 때조차도 우리들의 지지를 받고 있음을 알 필요가 있습니다. 여기에서 지지란 결정에 대한 지지가 아니라, 그들에 대한 지지를 말합니다. 이 둘에는 커다란 차이가 있습니다.

우리 선교회의 회장이 한번은 여러 남자들에게 몇 가지 질문을 던진 적이 있습니다. 거기엔 이 질문도 포함되어 있었습니다. 당신이 아내에게 가장 고맙게 여기는 것은 무엇입니까? 수집된 대답들 가운데서, 나는 남편이 "내가 내 아내에 대해 가장 고맙게 여기는 것은 그녀가 100퍼센트 나와 함께하는 것입니다"라고 쓴 것을 곧 알아볼 수 있었습니다.

  만일 우리가 남편과 "하나"가 되어 있다면, 그들을 전적으로 지지해 주고, 긍정하며, 인정해 주지 않을 수가 있을까요? 그들은 우리에게서 이것이 확인되기를 원합니다. 갈수록 상대방을 파괴하고 분열을 조장하는, 이 어그러지고 거스리는 세상에서, 하나님은 우리가 "여보, 나는 당신을 지지해요"라는 깃발을 휘날리기를 원하십니다.

    사랑의 아버지시여,
    저로 남편의 삶을
    세워 가게 하옵소서.
    제가 진실로 '그와 함께' 있음을 보여 주며…
    제가 그를 고맙게 여기며
    존경하고 있음을 보여 줌으로써
    저의 사랑의 언어들을
    그로 분명히 듣게 하옵소서.
    주님께 감사드립니다.

13. 남편을 즐거워함

요즈음은 햇빛을 받아 반짝거리는 사시나무 잎들로 온 산이 황금빛으로 물드는 계절입니다. 어제 남편과 나는 이 장관을 보기 위하여 유서 깊은 크리플 크릭 근처에 갔습니다. 당신도 이런 "현란한 채색의 잔치"에 대하여 들어 보았겠지요? 아니 오히려 그것은 찬란한 폭발 같다고나 할까! 구름 한 점 없이 맑고 푸르기만 한 하늘은 점점이 노란빛으로 수놓인 산록의 배경으로는 제격이었습니다. 처음에는 상록수 가지 사이에서 간간이 반짝이던 것이 산 쪽으로 다가가면서 보니 푸른빛과 노란빛이 서로 교차되는 모습으로 나타났고, 황금빛 사이로 가끔 푸른 잎이 엿보이곤 했습니다. 지금 나는 그 장면들을 내 머릿속에 잘 기록해서 기억의 보물 창고에 넣어 오래오래 간직할 수 있었으면 하고 바랄 뿐입니다. 사람이 만든 카메라로는 그 숨막히는 자연의 아름다움을 도저히 붙잡을 수 없었기 때문입니다.

집에 돌아오면서, 나는 만족에 찬 깊은 한숨을 내쉬었습니다. 참으로 더 바랄 나위가 없는 하루였고, 이 세상에서 그 즐거움을 함께 나눌 만한 사람은 내 곁에 앉아 있는 그이밖에 없었습니다.

나는 그에게 고개를 돌리며 물었습니다. "우리는 항상 자연스럽게 서로를 즐거워했던가요, 의식적으로든 무의식적으로든 도움이 되는 어떤 기회를 만들어 서로를 즐거워하려고 노력했던가요?" 남편은 씽긋 웃고는 평상시처럼 생각에 잠긴 듯한 목소리로. "그건 좀 생각해 봐야겠는데" 하고 대답했습니다.

성경에서, 베드로는 아내 된 이들에게 권고할 때 그들의 좋은 행실, 그의 표현을 빌자면, "두려워하며 정결한" 행동(베드로전서 3:2)으로 남편들로 구원을 얻게 하라고 했습니다. 헬라 원어의 다양한 의미를 살펴 번역한 성경을 보면, 이 구절의 내용이 이렇게 되어 있습니다. "여러분은 남편들에게 모든 존경의 마음을 품고 대해야 합니다. 즉, 그를 존경하고 경의를 표하며 그 의견을 따르고… 그를 높이고 감사히 여기며 소중히 생각하고, 또한 (인간적인 의미에서) 그를 찬미하고 칭찬하고 사모하며 헌신적으로 대하며 깊이 사랑하고 그와 더불어 즐거워해야 합니다."

최근에 친구로부터 이런 말을 들었습니다. "나는 한 번도 남편에게 내가 흥미를 느끼는 일에 대해 말해 본 적이 없어. 그이는 자기 일에만 관심이 있고 내가 기분 전환으로 시간을 좀 보내는 일에 대해서는 잔뜩 부담스러워 하기 때문이야." 참 딱한 일입니다.

배우자가 흥미를 느끼는 일을 함께 즐긴다는 것은 분명히 이차선 통행로가 되어야 하지만, 내가 지금 쓰고 있는 것은 남편들을 상대로 하는 것이 아니라 아내들을 상대로 하는 것이므로, 이런 질문을 먼저 던지고 싶습니다. 당신은 남편이 흥미를 느끼는 일에 함께 참여하고 있습니까?

로이스 와이즈는 그것을 다음과 같이 표현하고 있습니다.

> 누군가가 나에게 물었지요.
> 우리 우정이 끝나고
> 사랑이 싹튼 때가
> 언제냐고.
> 오오, 사랑하는 그대여,

그것은 비밀이라오.
우리의 우정은
결코 끝나지 않았으니까요.[1]

영원한 우정을 창조하는 한 방법은 남편들이 즐겨하는 일들에 우리들이 진정한 흥미를 갖는 것입니다.

린다 딜로우는 이렇게 쓰고 있습니다. "나의 친한 친구의 남편은 낚시광입니다. 결혼한 지 얼마 되지도 않아 남편이 낚시하러 가자고 제안했습니다. 그녀는 함께 노는 가족이 참으로 함께 사는 가족이라는 말을 들은 적이 있었기 때문에 따라갔습니다. 그녀는 처음으로 피라미 한 마리를 낚시 바늘에 꿸 때 꼭 토할 것만 같았다고 말했습니다. 그러나 대개 모든 일이 그렇듯이 그 일도 점점 익숙해져서 마침내 그녀는 눈살을 찌푸리며 외면하지 않고도 그 일을 해낼 수 있게 되었습니다!

"그로부터 수년이 지나 지금은 아이가 넷이나 되는데, 그녀는 그 당시 남편이 즐겨하던 일에 자기도 흥미를 갖게 되었던 것에 감사하고 있습니다. 최근에는 이렇게 말한 적도 있습니다. '린다, 작년에 그이와 내가 가장 즐겁게 보낸 때가 언젠지 알아? 그건 아침 6시에 호숫가에서 물고기를 씻을 때였어. 애들은 아직 자고 있었는데, 우리는 잡은 물고기를 씻으면서 보통 때는 거의 꺼내지 않던 깊고 놀라운 이야기들을 나누었거든. 그날 아침 나는 전에 처음으로 피라미를 낚시 바늘에 꿰어 매달 때 기꺼이 그렇게 할 수 있었던 것에 대해 얼마나 하나님께 감사했는지 몰라.'"[2]

올 여름에 우리가 진행한 주말 결혼 생활 세미나에 참석했던 한 사람이 우리 부부에게 이렇게 말했습니다. "방금 두 분께서 저희 부부들에게 전해 준 내용에 **반드시** 더 곁들여야 할 것이 한 가지 있습니다."

"뭔데요?" 우리가 물었습니다.

그러자 그는 "다름 아니라, 모든 부부들이 각각 오토바이를 한 대씩 가져야 한다고 말씀하셔야 합니다"라고 대답했습니다.

우리가 웃으면서 대꾸하려 하자 그는 정색을 하며 다시 말을 이었습니다. "아, 농담이 아닙니다. 제가 말하는 것은 꼭 문자 그대로의 오토바이만은 아니고, 다만 부부가 참으로 함께 즐길 수 있는 어떤 것이 있어야 한다는 겁니다."

그는 이어서 중년이 된 그들 부부가 레크리에이션을 위해서 참으로 함께 즐길 수 있는 기회들을 많이 가지지 못했던 사실을 깨닫게 된 과정을 소상히 설명했습니다. 그들 부부가 그 점에 대해 서로 이야기를 나누었는데, 그는 오래 전부터 마음을 먹었지만 막상 실현하지는 못했던 꿈들을 더듬어 보다가 결국 장비가 잘 갖추어져, 심지어 스테레오테이프덱까지 부착된 오토바이를 하나 샀습니다. 그의 아내는, 오토바이 뒤에 타면 발이 땅에 닿지 않을 정도로 키가 작은 편이었는데, 음식을 상당히 즐기는 편이었습니다. 그리하여 그들이 생각해 낸 한 가지 계획은, 어떤 특별한 목적지를 정하지 않고 사랑스러움마저 느껴지는 오토바이를 함께 타고 여유 만만한 마음으로 미끄러지듯 마음껏 달리는 것이었습니다. 그러면 아내는 여행지의 방향을 캘리포니아의 특이하고도 운치 있는 요릿집으로 돌리곤 했습니다. 그녀가 나중에 갈아입을 좋은 옷을 오토바이에 부착된 작은 "트렁크"에 넣든지, 때로는 오토바이를 탈 때 입는 작업복 속에 받쳐 입고 나오면, 그들은 함께 여행을 떠나곤 했습니다. 이 놀라운 기회를 통하여 그들은 서로 더욱 가까워지게 되었다고 말했습니다. 그들은 오토바이를 가지고 자신들에게 주어진 시간을 함께 즐겼던 것입니다. 나중에 그는 다시 한 번 되풀이 말했습니다. "각 부부들에게 '오토바이,' 바꿔 말하면 부부가 참으로 함께 즐길 수 있는 것을 마련하도록 꼭 말씀하셔야 합니다."

그의 말을 듣고 지난 몇 년을 돌이켜 보면서, 나는 우리 부부의 경우에는 별로 의식하지는 않는 가운데서 이런 면에 계속 힘쓰고 있었다는 것을 깨닫게 되었습니다. 대학에 다닐 때 나는 대학생들이 단지 매력 있는 남자 친구들의 환심을 사기 위한 목적으로 자기도 마치 미식축구나 기타 스포츠에 흥미를 느끼는 척하는 것을 보았는데, 내게는 그런 것이 딱 질색이었습니다. 일찍이 나는 진정한 흥미와 관심을 주시도록 하나님께 기도했습니다. 때때로 학생 클럽에 나갔을 때 콜라를 마시면서 미식축구에 대한 이야기를 하거나 듣는다는 것이 참 망설여지고 어색했던 것을 시인하지 않을 수 없습니다. 그러나 그런 경험들은 실제로 내가 미식축구에 흥미를 갖게 되는 데에 큰 도움이 되었습니다. 이제는, 모든 프로팀들에 다 관심을 가질 정도는 아니지만(남편도 그 정도라서 다행이지만), 때로 함께 대학별 경기를 관람하러 갈 때나, 어떤 팀에 아는 선수가 있을 때, 또는 잘 아는 덴버 브롱코즈 팀이 슈퍼볼 경기장에 도착할 때면, 나는 정말로 흥미진진함을 느끼게 됩니다.

반면에 남편은 내가 공예품 만들기에 여념이 없을 때 그 일에 관심을 보여 줍니다. 그 일에 직접 손대는 것은 아니지만, 그는 내가 하는 것을 보면서 의견을 이야기하고 격려해 줍니다. 중요한 것은 항상 어떤 일을 함께하는 것만이 아닙니다. 적어도 상대방이 마음을 쏟아 하고 있는 일에 자기도 흥미를 보이며 관심을 보여 주는 것이 꼭 필요하다는 뜻입니다.

그러나 적어도 한두 가지 어떤 일을 실제로 함께 즐기는 것은 친교를 다지는 수단으로서 매우 중요합니다. 남편이 당신과 함께 즐길 수 있는 어떤 것을 기꺼이 찾고자 하는 마음이 없는 경우라면, 하나님께서는 남편이 흥미를 느끼는 일에 당신이 함께하며 즐길 수 있도록 당신 편에 적응력을 주실 것이라 믿습니다.

얼마 전에 우리 부부는 "결혼 생활의 친밀도" 테스트를 받은 적이 있는

데, 그 결과 우리는 "레크리에이션의 친밀도" 면에서 최저 점수를 얻었습니다. 그이는 항상 운동을 즐기는데 비해 내 경우는 바로 그 면이 취약점이었습니다.(줄잡아 말하면 그렇습니다!)

그 점에 대해 서로 이야기하면서 우리는 함께 테니스를 하기로 결정했는데, 지금은 나도 제법 즐길 수 있는 정도가 되었습니다.

즐기는 삶에 필요한 또 한 가지 요소가 있습니다. 배우자에게 거슬리는 습관—누가 봐도 잘못된 버릇으로서 다른 사람의 참된 즐거움을 빼앗는 행동상의 결함—이 있기 때문에 서로 즐기는 삶을 살지 못하는 사람들도 있습니다. 다음과 같은 푸념들을 가끔 듣습니다. "저는 남편의 식사 예절이 너무 거칠어서 밖에 나가 식사하는 것이 싫어요."… "제 아내의 말은 도무지 앞뒤가 맞지 않기 때문에 함께 대화할 수가 없어요."… "함께 몇 년 동안이나 살아오면서 저는 아내가 제게 잘했다고 말하는 걸 한마디도 들어 보질 못했습니다."… "우리 그 양반은 항상 제게 화를 내는 것 같아요."… "그이는 우리 둘이만 있을 땐, 어찌 그리 움츠러드는지 통 이야기를 꺼낼 줄을 몰라요."… "제 아내는 몸가짐에 전혀 신경을 쓰지 않고, 좀 매력 있게 가꾸려고 하질 않아서, 함께 나가기가 부끄럽습니다."…

이처럼 단순히 상대편의 행동 중 어떤 점이 마음에 들지 않기 때문에 즐거움을 누리지 못하는 경우가 있습니다. 이런 때는 어떻게 해야 할까요?

우리는 전에 잠언 27:17 말씀을 보았습니다. "철이 철을 날카롭게 하는 것같이 사람이 그 친구의 얼굴을 빛나게 하느니라." 우리는 때로 이것이 바로 결혼 생활의 목적이라는 것을 믿습니다. 철이 철을 날카롭게 할 때는 불꽃이 튀기잖아요! 이처럼 불꽃이 튀기는 고통 속에서만 철은 날카롭게 다듬어질 수 있는 것입니다.

혹시 제가 말씀드리고자 하는 의도를 오해하실 분이 있을지 모르겠습니다. 우리는 남편들을 있는 그대로 용납할 것에 대해서 무척 많은 글을 읽어 왔습니다. 또한 그들을 행복하게 해주는 것이 우리의 일이고, 그들을 훌륭하게 변화시키는 것은 하나님의 일이라는 것에 대하여도 마찬가지입니다. 위의 두 사실은 전적으로 옳습니다.

그러나 동전에 또 다른 측면이 있듯이, 하나님께서 우리를 함께 있게 하신 것은 서로 상대방으로부터 배우고 서로 날카롭게 연마되며 서로를 위해 보다 나은 사람이 되고 서로 상대방에게 순응하도록 하기 위한 것이라는 점도 사실입니다. 당연히, 다른 사람의 부정적인 측면을 다룰 때에는 양편의 성숙이 바탕이 되어야 합니다. 두 사람이 좋은 관계 가운데 있어야 하고 기꺼이 고치고자 하는 마음가짐이 있어야 한다는 뜻입니다. "그러나 제 남편은 도대체 고치려 하지도 않고 제 말을 들으려 하지도 않아요"라고 말하는 분이 계시다면, 이 경우에는 아내 된 당신이 할 일만 하나 남아 있는 셈입니다. 그렇지만 이것만으로도 족합니다. 그것은 그를 위해 기도하는 것입니다. 그를 위해 **참으로** 기도해야 한다는 말입니다. 그와 더불어 해결하고 싶은 모든 것을 당신의 기도제목으로 적고 이를 위해 매일 기도하십시오. 무엇보다도 먼저 당신이 그를 사랑하며 용납하게 되도록, 또한 지금은 당신에게 거슬리는 바로 그런 것들을 너그럽게 눈감아 주고(심지어 사랑하며) 그에게 적응할 수 있는 능력을 당신에게 주시도록 하나님께 기도하십시오. 다음에는 그가 마음을 열고 몇 가지 다른 일들에 대해 이야기할 수 있도록 기도하십시오. 그러나 무엇보다도 먼저, 그는 당신 보기에 어떤 흉한 행동을 고치려고 하지 않는다 해도, 당신의 행동이 그에게 거슬리는 게 있을 때 당신은 그것을 기꺼이 고치게 되도록 기도하십시오.

우리는 남편들을 변화시킬 수 없습니다. 하나님만이 하십니다. 거꾸로 남편들도 우리를 변화시킬 수 없습니다. 그러나 하나님께서는 하실 수 있으며, 우리가 남편들에게 기꺼이 귀를 기울이고 마음을 열며 잘 적응하도록 도와주셔서 우리로 하여금 함께 있으면 좀 더 즐거운 상대가 되도록 해주실 수 있습니다. 우리가 함께 있을 때 좀 더 재미있는 상대가 되면 남편들도, 대부분의 경우에, 우리를 위해 자신의 태도를 기꺼이 고치려고 노력할 것입니다. 나는 참으로 이 사실을 믿습니다.

나는 전에 머리에 평평한 머리핀을 꽂고 다녔었는데 내가 남편의 어깨 위에 머리를 기댈 때 이것이 그의 뺨을 찔러 그에게 불쾌감을 준다는 것을 알게 되었습니다. 그리하여 나는 헤어스타일을 바꾸었습니다. 그것은 사소한 일이었습니다.

그러나 내게는 독립적 기질이 강한 네덜란드계 가문에서 나서 그런지 전혀 나의 소관 사항이 아닌 경우에도 내 마음대로 하려는 경향이 있습니다. 내 안에 잠재하고 있는 이런 기질이 기회만 있으면 표면에 얼굴을 내밀려고 하기 때문에 나는 지금까지도 계속 기도하면서 자신과 싸우며 거듭해서 굴복시켜야 합니다. 하나님과 나는 그 문제를 해결하기 위해 함께 노력하고 있습니다. 남편이 좋아하지 않고 또 나 자신도 좋아하지 않는 것이기 때문입니다.

우리는 수많은 조그만 영역들에서 서로 삶을 다듬으면서, 남에게 번거로움을 주는 습관들을 버리고, 고쳐질 수 없는 버릇들에 대해서는 용납할 수 있도록 기도했습니다. 이렇게 서로에게 적응해 가는 과정을 통해서 우리는 해마다 좀 더 깊이 있게 서로를 즐기는 면에서 성장하게 되었습니다.

남편의 식사 예절이 너무 거칠어 함께 밖에 나가 식사하는 즐거움을 누리지 못하는 경우라면 어떻게 할까요? 우선 그가 제안을 받아들인다면, 함께 예절에 대한 공부를 하거나 전 가족이(어쩌면 자녀들도 필요할 테니까) 이에 관련된 책 또는 글을 읽고, 당신과 남편에게 중요한 몇 가지 원리들에 대해 함께 이야기하는 시간을 가지십시오! 당신의 언어 습관이 남편에게 거슬리는 경우라면, 의사소통에 관한 책을 한 권 정도 읽고, 친구에게 부탁하여 당신이 말할 때에 마음에 있는 바를 직접적으로 전달하는 면에서 잘못된 점이 있으면 시정해 달라고 하십시오. 우리가 하고 있는 게임의 이름은 "변화"입니다. 이 게임은 우리가 빌립보서 4:13의 "내게 능력 주시는 자 안에서 내가 모든 것을 할 수 있느니라" 하신 약속을 주장할 때 반드시 이길 수 있는 것입니다.

  남편이나 다른 사람이 거슬리는 당신의 어떤 습관을 말해 주었을 때, "아, 제가 그렇군요" 하고 대답(또는 생각)했던 것은 최근 언제입니까?

  하나님께서 당신이 고쳐야 할 것을 가장 최근에 보여 주신 때는 언제였습니까? 하나님께서 자주 그렇게 하시지 않는다면, 당신이 귀를 막고 있다는 이야기입니다.

  당신의 삶과 성격 및 남편의 삶과 성격에서, 그리고 자녀들의 삶에서 변화되어야 할 필요가 있는 것들로 당신의 기도제목에 들어 있는 것은 무엇입니까? 당신과 남편이 함께 즐길 수 있는 것으로서 당신이 기도하고 있는 것은 무엇입니까? 당신은 더 많은 즐거움을 누리게 되길 기도하고 있습니까? 또한 서로 더 좋은 친구가 되도록 기도하고 있습니까? 서로 즐기는 삶이 날로 더해 가도록 기도하십니까?

  하나님은 참으로 크십니다. 주님은 당신을 기쁘게 하길 원하십니다. 또한 당신을 기쁘게 하는 일을 기뻐하십니다. 그러나 주님은 요청할 때까지 기다리십니다. 결코 우리에게 어떤 일을 억지로 시키시지는 않는 분이시기 때문입니다.

    사랑의 주님,
    우리 부부가 서로

가장 좋은 친구가 되도록
도와주시고…
더욱 다양하며 깊이 있게
서로 기뻐하며 즐기는 법을
배우도록 도와주십시오.
감사합니다.

"두 사람이 한 사람보다 나음은 저희가 수고함으로 좋은 상을 얻을 것임이라. 혹시 저희가 넘어지면 하나가 그 동무를 붙들어 일으키려니와 홀로 있어 넘어지고 붙들어 일으킬 자가 없는 자에게는 화가 있으리라"(전도서 4:9-10).

주님,
결혼 생활의 모습이
얼마나 아름다운지요!
부부는 두 반쪽이 아니라
두 사람이기에,
이전에 홀로일 때보다,
함께 있음으로
더 많은 삶을 누리고
더 많은 일을 하나이다.
단 두 배가 아니라
몇 갑절의 결실을
안겨 줍니다.
결코 빠뜨릴 수 없는
결혼 생활의 요소는
한 인격체로서
주님께서 저에게 품으신 뜻대로
모든 모양 모든 것…
더 나아가 그 이상의 것까지도
되는 일입니다.
제게 반려자를 주사
이것이 참 진리임을
알게 하시니
감사합니다, 주님!
아멘.

제3부

어머니를 위한 지혜

14. 모본을 통해 세워 줌

"캐롤, 난 네게 담배를 피우지 말라는 말은 하지 않겠다." 나는 어머니의 뜻밖의 말씀에 깜짝 놀라 어머니를 쳐다보았습니다. 어머니의 갈색 눈에는 진지한 빛이 어려 있었습니다. 몇몇 친구 애들이 "헛간 뒤에서" 장난삼아 담배를 피우기 시작하던 무렵, 나는 어머니와 그 문제를 놓고 토론하고 있었습니다. 부모님이 흡연을 허용치 않는다는 사실을 잘 알고 있었던 나로서는 어머니의 말씀에 상당한 충격을 받지 않을 수 없었습니다.

어머니는 말씀을 계속하셨습니다. "네가 클 만큼 컸으니까 엄마는 네 재판관이나 보호자 노릇은 못해. 그러니 담배를 피우지 말라는 말은 하지 않겠다." 어머니는 잠깐 말을 멈추시더니, "그러나 첫 담배를 내 앞에서 피우겠다는 약속을 해주었으면 좋겠다" 하고 말씀하셨습니다.

우리 집에서는, 약속을 결코 가볍게 여기지 않았습니다. 차라리 그것은 성경에 근거한 거룩한 맹세라고 해도 좋을 정도였습니다. 내가 알고 있는 한, 부모님은 나에게 하신 약속을 한 번도 어긴 적이 없었습니다. 확실한 것이 아니면 약속하질 않았습니다. 우리는 서로에게 명예로운 행동을 기대하였습니다.

그러므로 나는 어머니의 제안을 진지하게 받아들였습니다. 나는 그것을 온당한 제안이라고 생각하였으며, 사실 그것은 좋은 착상이었습니다. 친구들이 흡연을 권할 때면, 나는 다음과 같이 말할 수 있었습니다. "그런데 말야, 우리 엄마도 그걸 전혀 반대하시지는 않거든. 그래서 내가 원하기만 하면 피울 수도 있어. 하지만 첫 담배는 엄마 앞에서 피우기로 약속을 드렸거든. 그러니 지금은 안 되겠어!"

나의 어머니는 현명하신 분입니다. 어머니는 내가 친구들과 어딘가에 슬그머니 몰려가서 담배 피우는 따위의 못된 재미를 누릴 수 있는 모든 소지를 없애 주셨던 것인데, 약속을 하던 당시에는 나는 이 사실을 잘 모르고 있었습니다. 누가 제정신으로 자기가 사랑하고 존경하며, 또한 담배 피우는 모습에 마음 상하실 어머니의 목전에서 담배를 입에 물 수 있겠습니까? 바로 이 때문에 오늘날까지 나는 입술에 담배를 갖다 대본 적이 한 번도 없습니다.

나의 부모님은 우리 세 자녀의 삶 속에 많은 것을 확립시켜 주셨습니다. 우리의 자녀들에게까지 전달된 몇몇 개념들은 또한 그들의 아들딸들에게까지 전달되어 그들의 삶 가운데 지속되어 나타나리라 믿습니다.

"마땅히 행할 길을 아이에게 가르치라. 그리하면 늙어도 그것을 떠나지 아니하리라"(잠언 22:6)는 말씀을 부모들은 자주 듣습니다. 여기서 "가르치라"는 말은 단순한 지식 전달이 아니라, 훈련하라, 훈육하라는 뜻입니다. 이 말씀은 부모들에게 자녀를 훈련해야만 된다는 사실을 알려 주고 있습니다. 부모들은 그 아들딸을 위해 자주 이 약속을 주장합니다.

그런데 여기서 꼭 알고 넘어가야 할 것이 하나 있습니다. 옛말에 "말해 주는 것이 가르치는 것은 아니며, 듣는 것이 배우는 것은 아니다. 또 가르치는 것이 훈련시키는 것은 아니다"라고 한 것은 옳다고 생각합니다. 이 구절은 아이를 훈련시키라고 말하고 있습니다. 우리는 그리스도 안에서 자녀들에게 말해 주는지, 자녀들을 가르치는지, 혹은 실제로 그들을 훈련시키고 있는지를 자문해 보아야 하겠습니다. 우리는 이 세 가지를 다 해야 합니다. 말해 주기만 하는 부모들이 종종 있습니다.

남편과 나는 어떤 우연한 기회에, 그리스도인 가정에서 자라나 기독교 학교에 다니는 여러 젊은이들과 함께 일해 본 적이 있습니다. 많은 경우, 우리는 그들의 삶 속에 영적인 실체가 결여되어 있음을 보게 되었습니다. 그들은 옳은 말씀들을 바르게 다 잘 알고 있긴 했지만 이 말씀들이 그들의 삶에 미치는 영향은 없었습니다.

어렸을 때의 우리 가정을 되돌아볼 때, 두드러지게 중요했던 것은 계획된 "예배 시간"이 아니었습니다. 사실상, 당시 나에게 이런 것은 별로 의미가 없었던 것으로 기억됩니다. 어머니께서 하나님과 긴밀한 교제를 마치고 방을 나오실 때 두 뺨에 흐르던 눈물을 봤던 것이야말로 지금까지도 잊혀지지 않고 내게 생생한 의미를 던져 주고 있습니다. 아버지께서 홀몸이 되신 장모님을 집에 모셔 와 그분이 갈수록 노쇠해지시던 17년이란 세월을 함께 사시던 모습이 기억에 생생합니다. 아버지의, 친절하고도 정중하며 인내와 사랑이 넘치는 태도와, 어머니의, 사람들의 필요를 채우기 위해 자신의 몸과 시간을 아끼지 아니하는 헌신적인 사랑을 보고 듣고 느낄 수 있었습니다. 이처럼 행함으로 나타난 사랑을 깨닫고, 일상생활 속에서 성령으로 차고 넘치는 모습을 보는 것이야말로 무엇보다도 중대한 의미를 지닌 것이었습니다.

그때 나는 가르침(훈련)이 모본에 통해 이루어진다는 사실을 희미하게나마 깨닫게 되었습니다.

마리안은 24명이 참석할 만찬회의 디저트로 내놓을 머랭 과자를 구우려고 그것을 오븐에 올려놓고 있었습니다. 바로 그때 유리창 밖으로 자기 어린 아들 랜디가 타고 놀던 회전그네에서 미끄러지는 것이 보였습니다. 그녀는 곧장 뛰어나가 그 애가 다치지 않았는지 살펴보았습니다. 다행히 다친 곳은 아무데도 없었습니다. 그녀는 잠깐 동안 랜디를 지켜 주신 하나님께 감사했습니다. 그녀가 집 안에 들어 왔을 때, 오븐에서는 연기가 솟고 있었습니다. 머랭 과자가 까맣게 타서 딱딱해져 버렸습니다. 그녀는 화를 내지 않고, 그 대신 타버린 과자를 긁어내고 냉장고에서 크림을 꺼내 다시 디저트를 준비했습니다.

그녀의 반응을 볼 때 몇 가지 생각이 들었습니다. 친구들에게 줄 디저트에 마음을 두기보다는 아이를 안전하게 지켜 주신 하나님께 감사하는 것은 그녀의 자연스런 반응이란 것을 깨달았습니다. 나는 이것이 하나님과 긴밀한 교제 가운데 있을 때에만 나올 수 있는 태도임을 알게 되었습니다. 나는 또한 가르침(훈련)이란 우리 삶의 자연스런 맥락 가운데서 이루어진다는 사실을 이해할 수가 있었습니다. 만약 랜디가 그를 지켜 주신 하나님을 찬양하는 어머니의 모습이 아니라 당황하거나 화를 내는 어머니의 모습을 보았다면, 그녀는 그에게 "아무것도 염려하지 말라"(빌립보서 4:6)고 말해 줄 수 없었을 것입니다. 자기가 보여 준 행동과는 모순이 되기 때문이죠. 내가 만일 그때 그녀가 화를 내고 낙망하는 것을 보았다면, 나는 하나님과 깊이 동행함으로써 자신의 반응이 하나님을 반영해 줄 수 있을 만큼 수준 높은 삶을 살아야 하겠다는 도전을 받지 못했을 것입니다.

하나님께서는 우리 부부에게 하나뿐인 귀한 아이를 주셨습니다. 이 때문에 우리는 린이 하나님의 헌신된 종으로 성장하였는데도, 자녀 양육에 관하여는 이렇다할 얘기를 할 게 없습니다. 우리가 부족함에도 불구하고 그 애가 잘 자라 주었는지, 아니면 우리가 잘 키웠기 때문에 그렇게 잘 컸는지는 참으로 분간할 길이 없습니다. 다만 우리는 그것이 모두 주님의 은혜로 말미암은 것임을 알 따름입니다.

자녀 양육에 관하여는, 나보다 훨씬 경험이 많고 기술이 뛰어난 분들이 쓴 양서가 많이 있습니다. 그렇지만 나는 여기서 우리 아이의 삶을 세워 주는 데 유익했던 몇 가지 원리들을 꼭 나누고 싶습니다. 그 첫째 원리는 바로 모본을 통해 세워 주는 것입니다. 우리가 행하지 않는 일을 자녀들이 행하리라 기대할 수 없으며, 우리는 되지 못하면서 자녀들은 그렇게 되리라고 기대할 수 없습니다. 그러나 하나님께서 우리 삶 속에 깊이 역사하시도록 맡김으로써, 곧 매일 그분의 말씀 안에 거하며 기도 가운데 매 순간순간 주님의 함께하심을 경험함으로써 우리는 "닮아 가는 자"가 될 것입니다. 곧, 그리스도의 형상으로 화하여, 우리의 자녀들에게 하나님의 실체에 대한 살아 있는 본으로 나타날 수 있게 될 것입니다. 우리는 이렇게 기도할 수 있습니다.

오, 주님, 저는 주님을 나타내는 데 너무도 부족합니다. 주님, 먼저 제게 저의 마음과 힘과 성품을 다하여 주님을 사랑하는 삶이 어떤 것인지 가르쳐 주십시오. 다음에 자녀들 앞에서 어떻게 살아야 주님께서 드러나실 수 있는지를 보여 주십시오.

감사합니다.

15. 가르침으로 세워 줌

"엄마!" 린이 하루는 슬픈 듯이 소리쳤습니다. "엄마는 내가 키스를 하면 안 된다고 그러셨죠! 키스를 하면 죄를 짓는 것만 같아 나는 결코 키스를 좋아할 것 같지 않아요!"

나는 속으로 싱긋 웃지 않을 수 없었습니다. 오, 이 귀여운 것아, 그게 네게 문제가 될 리가 없단다!

그러나 이제 린은 열여섯이었습니다. 적갈색 머리칼에 아주 발랄한 소녀가 되어 삶을 당장 한꺼번에 경험하길 원하는 나이였습니다. 그 당시 내 머릿속을 스쳐 가는 생각들은 그 애의 말에 대한 현명한 답변이 될 수가 없을 것 같았습니다.

린이 성장해 감에 따라, 우리는 순결의 수준, 데이트, 키스 및 포옹에 관하여 함께 이야기하는 시간을 가졌습니다. 이제 린은 자기가 아는 다른 그리스도인 소녀들조차도 그 수준이 자기의 수준과 맞지 않았기 때문에 외로움과 좌절을 느끼고 있었습니다. 그녀가 가입하고 있던 기독교 고등학교 그룹의 지도자들은 순결에 관하여 이야기할 때 키스는 제쳐 두고 페팅에 대해서부터 시작했습니다.

나는 데이트할 연령에 이르러서야 육체관계에 관한 교육을 하는 것은 "너무 미비하고, 너무 늦다"고 생각합니다. 어떤 부모들은 데이트할 나이가 될 때까지 기다렸다가 마침내 첫 번째 데이트를 위해 맵시를 내고 단장할 때에야 비로소 "조심해야 한다"고 말해 줍니다. 어쩌면 이것은 좀 과장된 예라고 할 수 있을 것입니다. 그러나 세상 풍조의 거센 영향과 TV나 그들 또래의 친구들을 통해 범람하고 있는 순결에 대한 낮은 수준들 때문에 우리는 자녀들이 이야기를 꺼내기도 전에 일찍부터 그들을 경건하게 훈련하기 시작해야 될 필요가 있는 것입니다.

그 첫째 단계로 우리는 하나님의 수준이 어떠한가를 발견하기 위해 하나님의 말씀을 자세히 연구해 보아야 할 필요가 있습니다. 우리 세대의 사람들은 대부분 자기도 모르는 사이에 세뇌를 당해서 그 사고방식이 세상적인 모습으로 찌그러져 있기 때문에 자녀들을 올바로 교육하고자 생각하기 앞서, 우리 자신이 먼저 하나님의 관점으로 새로워질 필요가 있습니다. 이 주제에 대한 성경적인 입문서들이 여럿 있습니다. 그러나 직접 하나님의 말씀을 깊이 있게 연구하는 것보다 더 좋은 방법은 없습니다. 많은 영역에서 우리 그리스도인들은 홍수와 같이 범람하는 세상의 사고방식과 자유주의라는 흐름에 몇 km씩이나 떠밀려와 모래 위에 얹혀 있습니다. 다달이 우리는 어느 정도씩 떠밀리고 있습니다. 바닥을 끌어안고 떠내려가지 않으려고 발버둥 쳐 보는 사람들도 있지만, 요동하는 바위들과 세상 조류에 호되게 얻어맞을 뿐입니다. 우리들 대부분은 계속 떠밀려 내려가고 있습니다. 우리는 우리를 떠밀려 내려가지 않게 해줄 반석에 닻을 내려야 합니다. 하나님의 말씀으로 우리의 믿음을 점검하고 더 이상 떠밀려서는 안 되겠습니다. 오히려 몇 미터라도 거슬러 올라가야 합니다! 우리는 하나님께서 세상적인 관점과 선입견으로 물든 우리 마음의 얼룩을 깨끗하게 지워 주시도록 간구해야 할 것이며, 결코 요동함이 없는 반석 되신 주님께 붙들어 맨 확신들을 따라 살아야 할 것입니다.

린이 5학년이었을 때, 어느 날 린은 레코드 파티라 불리는 소년 소녀 혼성파티에 초대를 받았다고 뛸 듯이 기뻐하며 집에 돌아왔습니다. 그 애는 부모들이 파티에 함께 참석해야 되는지의 여부도 몰랐고 또한 레코드 파티에서 뭘 하는지도 몰랐습니다. 그렇지만 린은 꼭 가고 싶어 했습니다.

나는 지혜를 간구했습니다. 그리고 숨을 깊이 들이쉰 후 다음과 같이 말해 주었습니다. "애야, 이번엔 네가 가는 것을 허락하지 못하겠다."

그러자 딸애는 안색이 변하더니 소리 내어 울었습니다. "엄마, 왜 안 되는 거죠?"

그것은 타당한 질문이었습니다. 우리 가정의 규칙은 반드시 금지해야 될 일이 아닌 경우에는 "안 돼"라고 말하지 않지만, 결코 허락할 수 없는 경우엔 "안 된다"라고 말할 수밖에 없는 모든 이유를 이해하고 납득할 수 있을 때까지 최선을 다하여 설명해 주는 것이 관례였습니다.

"애야, 네가 10살 때부터 혼성 파티에 가기 시작하면, 11살이나 12살 되면 혼자서도 데이트 상대를 만나게 되고, 13살이나 14살쯤 되면 한 사람과만 고정된 데이트를 시작하게 될 거야. 그렇게 될 때 일어날 수 있는 여러 위험성에 관해서는 그간 이야기해 왔잖니. 너는 앞으로도 데이트하거나 파티에 참석할 기회가 많이 있잖아. 다만 지금은 너무 일러. 벌써부터 그런 파티에 참석한다는 것은 너무나 성급한 일이고 네 나이로는 감당하기 어려운 경우가 많단다."

우리는 딸애가 올바른 전망을 가지고 사태를 바라볼 수 있기까지 이 문제에 관하여 두 시간 정도 더 이야기한 것으로 기억됩니다. 그 애는 내심 안정이 되어 "우리 집 식구들이 허락하지 않으셔"라고 말함으로써 그 초대에 회답할 수 있었던 것으로 생각됩니다.

아이를 하나만 두니까 유리한 점이 몇 가지 있습니다. 문자 그대로 그 아이를 위해 수백 시간을 들일 수가 있습니다. 린과 나는 종종 꽤 오랜 시간 동안, 결혼과 연관된 십대 데이트 기간—앞으로 남은 생애와 연관되는

4년 내지 8년의 데이트 기간—에 관하여 토론하며 보냈습니다. 너무나도 자주, 그것도 아주 당연하다는 듯이, 젊은이들은 이 순간, 이 날, 이 데이트 이후를 생각하질 못합니다. 그 때문에 그들은 자신도 모르게 수많은 곤경 속에 빠지곤 합니다. 그들은 자신들의 남은 생애에 비추어 보아 여러 성장 단계에서 필요한 데이트 및 그 목적들을 이해할 필요가 있습니다. 한 번의 대화를 통해 알 수는 없는 문제입니다. 하나님께서 나와 결혼할 사람을 예비하고 계신다면, 하나님의 시야에서 볼 때 나는 이미 약혼한 것이나 다름없다고 어머니는 종종 말씀하시곤 했습니다. 이 말씀은 내가 장기적인 안목을 가지고 그 사람을 위해 나 자신을 지키는 데 얼마나 큰 도움이 되었는지 모릅니다.

고교 시절의 데이트 목적은 최소한 세 가지 정도로 볼 수 있습니다. 첫째로는 재미 삼아 합니다. 이 목적은 타당하다고 볼 수 있습니다. 왜냐하면 우리는 수많은 일들을 재미나 오락으로 하고 있는데 이것도 그중 하나가 될 수 있기 때문입니다. 둘째로, 이성과의 관계를 더 잘 배우고, 그들을 이해하며, 친구가 되기 위해서 합니다. 셋째로는, 후에 일생의 동반자를 택했을 때 올바른 선택인지 비교해 볼 수 있는 기초를 마련하기 위해서입니다.

당신은 다른 목적들도 생각해 볼 수 있을 것입니다. 그러나 그 목적을 생각하는 데 고려되어야 할 한 가지 꼭 필요한 요소가 있습니다. 이 목적들은 한 사람의 전 생애 및 가치 체계와 병행되어야 한다는 것입니다.

그렇다면 육체관계를 갖는 것은 데이트의 이러한 목적들과 무슨 관련이 있습니까? 두말할 필요도 없이 아무런 관련도 없습니다. 사실 육체관계가 끼어들면 한 인격체로서 서로를 진정으로 알아 갈 수가 없습니다. 오히려 불필요한 마음의 상처와 골칫거리를 만들어 내고, 좌절감을 안겨 주며, 뿐만 아니라 이후에도 계속해서 잘못 비교할 수 있는 소지를 만들어 줍니다. 그래서 결국은 한 인생을 망쳐 놓고 맙니다.

　오늘날 대부분의 그리스도인 부모들은 자녀를 가르칠 때 이런 식으로 시작하지를 않습니다. 그들은 자기 아들딸들이 왜 혼외 성교나 애무 따위를 해서는 안 되는가부터 가르치기 시작합니다. 린과 나는 키스의 가치에서부터 시작하여, 그것은 그 애의 일생을 통하여 소중한 어떤 사람을 위해 남겨 두어야 하는 특별한 것이라는 결론을 내렸습니다. 16세의 나이로 "소중한 어떤 사람"의 모습을 얼핏 그릴 수는 없었습니다. 그러했기에 딸애는 내가 자기에게 주었던 "금지 사항"이 못마땅하고 슬펐던 것입니다. 지금은 린도 이때의 일을 기억하며, 이야기하면 웃고 맙니다.

　세상은 우리들에게 다음과 같이 말합니다.

　(1) 우리의 문제점들은 과거 청교도 윤리관에서 나온 죄의식으로 말미암은 것이다. 추론하건대 우리 조상들은 성(性)을 죄악시하였다. 그들이 보수적 신념을 고집하였기 때문에 오히려 많은 문제가 야기된 것이다. 이에 대한 세상의 해결책은 성관계가 어느 때 어느 곳을 막론하고 나쁜 것이 아니라는 견해에 있다. 성관계가 자유스러워질수록 우리의 죄의식과 문제점들은 그만큼 덜해질 것이다.

　(2) 당신이 어떤 사람을 사랑한다고 하면서 당신의 전부를 그에게 주지 않는 것은 이기적이고 잘못된 행동이며 그를 좌절시키게 된다.

　(3) 성관계는 어느 때나 건전하고 옳은 것이다. 잘못된 것은 우리의 태도일 뿐이다.

　(4) 실존하는 절대적 권위나 수준은 없다. 모든 것은 상대적이다. 실제로 아무것도 잘못된 것은 없다.

　(5) 성은 다른 신체 기능과 같은 것이므로 그것에만 특별한 의미를 부여해서는 안 된다. 당신이 동침한 사람과 만났다 헤어지는 것이 그렇지 않은 사람과 만났다 헤어지는 것보다 더 상처를 줄 만한 까닭이 있는가?

우리에게 사들이기를 충동질하는, 이 얼마나 거짓되고 추잡한 상품입니까? 세상 철학이 우리 사고 구조 속에 침투하도록 방치해 둔다면 하나님께서 결혼을 위해 성을 창조하실 때 의도하신 아름다움을 송두리째 뽑아버리는 결과를 빚게 됩니다.

찰리 쉐드는 "황새의 죽음"이란 책에서 다음과 같이 적고 있습니다.

당신은 땅콩을 재배해 본 적이 있습니까? 나는 땅콩을 재배해 본 적이 있답니다. 시골서 살았기 때문에 그게 뭐 그리 대단한 일은 아니죠. 대개의 시골 소년들은 대부분 뭔가 기르고 있는 게 있습니다. 그러나 땅콩 재배란 내게 전혀 새로운 것이었습니다. 하지만 나는 9살 난 어린이들에게는 추천하고 싶지 않아요.

문제는 땅콩이 땅 속에서 자란다는 것이지요. 김을 매고 물을 주며 기다립니다. 얼마 후 줄기가 자라는 것을 보게 됩니다. 그렇지만 땅콩이 맺혀 있는 것을 볼 수 없습니다. 땅콩이 하나도 맺히지 않다니 어찌 된 일이죠?

그래서 나는 아주 못된 짓을 했는데 아마 당신도 상상할 수 있을 겁니다. 어느 날 가족들이 없는 틈을 타서 호기심에 땅콩을 뿌리째 뽑아 보았습니다. 꽤 쓸 만했습니다. 몇 개는 반쯤 자라 있었고, 어떤 것은 제법 모양을 갖췄으며, 머지않아 다 여물 것 같았습니다. 물론 나는 땅콩을 다시 제자리에 심고 흙을 덮어 다져 주었습니다. 나는 그제야 비로소 확신 있게 기다리게 되었습니다.

하지만 일은 이미 그르쳤습니다. 땅콩은 단번에 캐야 합니다. 자주 파헤쳐 보게 되면 신경계통에 손상을 주게 되어 땅콩 모양들이 우스꽝스럽게 될 것입니다. 아마 길쭉하든지 납작하든지 아니면 울퉁불퉁하든지 펑퍼짐하게 됩니다. 때로는 뒤틀려서 괴상한 모양을 가지

기도 합니다. 그중 일부는 썩거나 죽기도 합니다. 한마디로 땅콩 전체가 징그럽게 되지요.

여러 가지로 인생은 땅콩 재배와 비슷합니다. 많은 십대 소년 소녀들이 서둘러서는 안 될 일들을 억지로 힘들여 하고자 합니다.

그러므로 다음 사실을 기억해 두면 좋습니다.

성관계를 너무 일찍 시작하면, 좀 더 시간이 지나면 결실할 수 있는 땅콩을 뽑아 망쳐 놓는 것과 같은 결과를 초래하게 될 것입니다.[1]

성장기를 통과해 가는 여행은 정말 방심할 수가 없습니다. 우리 자녀들은 우리가 줄 수 있는 모든 도움을 필요로 하고 있습니다.

린이 험난한 지역에서 위험하고 겁나는 여행을 해야 한다고 합시다. 또한 나는 전에 이 지역을 여러 번 다녀 보았으므로 린이 길을 가다 잘못된 방향으로 난 갈림길을 택할 경우 낭떠러지로 굴러 떨어진다는 사실도 알고 있다고 가정해 봅시다. 또 어떤 길은 린을 위험한 늪으로 이끌어 갈 수도 있습니다. 다리 하나는 도중에 끊겨 있으며, 그 밖의 수많은 위험 요소들이 린의 여행을 위협합니다. 그렇지만 나는 목적지까지 올바로 갈 수 있는 안전하고 좋은 길을 알고 있습니다.

만약에 내가 여행을 떠나는 린에게 "그래, 잘 다녀와라. 안전하길 바란다"라고만 말하면서 입 맞추고 작별한다면, 나는 어떤 종류의 어머니가 되겠습니까? 끔찍한 일입니다! 최소한 딸을 사랑하는 어머니로서 린에게 많은 안내 지시를 기입한 자세한 지도라도 그려 주어야 할 것입니다. 그렇지만 무엇보다도 "얘, 내가 너와 함께 가서 너를 안내해 주마" 하고 말하는 것이 제일 바람직할 것입니다.

하나님께서 바로 그와 같은 일을 하십니다! 시편 119:19에 이런 말씀이 있습니다. "나는 이 땅의 순례자입니다. 나는 지도가 꼭 필요합니다. 주님의 계명이 곧 나의 안내도요 지침서입니다"(Living Bible).

놀라운 사실이 아닙니까? 성서는 우리의 지도입니다. 안내도요 지침서입니다.

그러나 하나님께서는 여기에서 그치시지 않습니다. 그분은 우리와 함께 가시며, 결코 우리를 버리지 않겠다고 약속하셨습니다. 우리가 가는 모든 곳에 안내자로서, 친구로서 동행해 주마고 약속하셨습니다. 우리가 해야 할 일은 그분을 **주목하는** 것입니다. 그분은 우리의 의지를 거슬러 그분이 지시해 주시는 방향으로 강제로 끌고 가시지는 않습니다.

우리는 부모로서 하나님께 순결과 경건에 관한 모든 것을 **우리에게** 가르쳐 주시도록 구할 필요가 있습니다. 그 다음에는 이 문제에 관하여 자녀들과 이야기를 통해 의견을 나누고 또 부모로서의 의사를 전달하는 일을 거듭거듭 되풀이해야 됩니다. 우리의 자녀들은 우리가 생각하는 것 이상으로, 하나님께서 옳다고 말씀하시는 것에 대하여 위압감을 느낍니다. 우리가 이 면을 감안하여 잘 지도하려면 큰 지혜와 많은 시간이 필요하며, 더 나아가 긍정적이며 참된 것을 가르치기 위해서는 더욱 큰 지혜와 많은 시간을 필요로 합니다.

그렇지 않으면, 우리의 자녀들은 그들의 삶을 파탄으로 몰아갈지도 모릅니다. 야곱과 에서의 이야기를 기억하시겠습니까? 에서는 장자로서 더 큰 상속을 받을 권리가 있었습니다. 그런데 어느 날 저녁 그는 사냥을 마치고 매우 허기진 상태로 돌아왔는데, 동생 야곱이 팥죽을 끓이고 있었습니다. 에서가 야곱에게 죽을 좀 달라고 하자, 야곱은 "형이 장자의 명분을 내게 판다면 그렇게 하죠" 하고 말했습니다. 에서는 재고해 볼 겨를도 없이 이에 응하고 말았습니다. 그러니까 그는 팥죽 한 그릇에 자기의 장자 명분을 판 것입니다. 그는 일시적인 배고픔의 고통을 없애기 위해서 그의 상속권을 포기했던 것입니다.

우리도 우리의 남은 생애에는 아랑곳하지 않고 당장 눈앞에 보이는 순간적인 쾌락에 빠져 든다면, 바로 에서와 다를 바가 조금도 없습니다. "사랑을 기다리고 있다면 그대는 생애를 허송하고 있는 것이랍니다" 따위의 노랫가락 속에 담긴 철학에 사로잡혀 있는 것입니다.

하나님께서는 우리가 그 저변에 갈린 의도도 제대로 모르면서 이런 유독한 사고방식에 우리의 마음이 물들도록 방치하는 것을 허락하시지 않습니다. 하나님께서 말씀을 통하여 성령의 능력으로 우리를 깨끗케 하시고, 또한 우리에게 분명한 확신을 주셔서 자녀들의 삶을 잘 세워 갈 수 있기를 간구합시다.

16. 용기 있는 훈련

나는 그 녀석에게 "용감한 조"라는 이름을 붙여 주었습니다. 그 녀석은 가느다란 꼬리에 털이 터부룩하게 덮였고 반짝거리는 두 눈은 항상 경계하는 듯한 눈초리에 갑작스런 몸짓이 깜찍한 조그만 갈색 다람쥐였습니다. 오후만 되면 우리가 휴가 중에 묵고 있는 콘도의 발코니에서는 바스락거리는 소리가 나곤 했는데, 그때마다 문간 유리문 바깥에서 "용감한 조"란 녀석이 우리를 빤히 쳐다보고 있었습니다. 땅콩을 던져 주지 않으면 그 놈은 문틈 옆을 쪼르르 타고 올라가 꼭대기에 앉아서는 몇 초 간격을 두고 우리 거실을 두리번거리며 내려다보는 것이었습니다. 그러다간 다른 쪽 문틀로 폴짝 건너뛴 다음 좀 못마땅하다는 듯이 꼬리를 까불어 대곤 했습니다. 신경질적인 그의 동작은 사람들에 대한 두려움을 나타냈지만, 그의 용감한 심장은 그런 공포를 맞서 극복할 수 있는 용기를 주었던 것입니다. 일주일을 머무는 동안 용감한 조는 나의 친구가 되었습니다.

내가 다람쥐에게 그 이름을 붙여 준 것은 그 주 동안 하나님께서 내게 용기에 관하여 깊은 감명을 주셨기 때문입니다. 내게는 이러한 감명이 필요했습니다. 그 전 주에 나는 몇 가지 어렵고 힘든 문제들과 씨름했습니다. 그 씨름에 진 후 나는 풀이 죽어 실망 가운데 휩싸여 있었습니다.

용기란 "위험하고, 어렵고, 때로 고통스러워 보이는 것으로부터 물러서

지 않고 두려움 없이 담대하게 맞서서 그것을 해결하는 태도"¹라 정의됩니다. 네비게이토 선교회 회장을 역임한 론 쎄니는 용기란 단순히 "인내할 수 있는 연단된 정신"이라고 말합니다.

오늘날 우리들, 특히 부모들에게는 많은 용기가 필요합니다. 하워드 헨드릭스 부부는 데이트, 성, 결혼에 대한 자녀 교육의 필요성에 관한 글에서, 부모들에게 "부끄러워하지 않고 적극적으로 밀고 나가는 것"이 필요하다고 말했습니다.²

바울은 디모데에게 경건에 이르도록 훈련하라고 말했습니다(디모데전서 4:7). 바로 이것이 우리가 해야 될 일입니다. 또한 우리는 자녀들을 경건하게 훈련할 책임을 지고 있습니다. 여기엔 용기가 필요합니다.

하나님의 계획은 우리가 거룩하고 순결하게 되는 것입니다. 당신이 예수 그리스도를 당신의 삶에 모셔 들였다면, 그가 이미 당신을 의롭게 하셨습니다. 성경은 말합니다. "찬송하리로다. 하나님 곧 우리 주 예수 그리스도의 아버지께서 하늘에 속한 모든 신령한 복으로 우리에게 복 주시되, 곧 창세전에 그리스도 안에서 우리를 택하사 우리로 사랑 안에서 그 앞에 **거룩하고 흠이 없게 하시려고**"(에베소서 1:3-4). 우리는 이것을 '위치적 의(義)'라 부릅니다.

그러나 그분은 또한 우리의 위치(신분)뿐 아니라 상태가 **실제로** 순결할 수 있도록 계획하셨습니다. 하나님께서는 지금도 우리가 자기 아들의 형상을 닮아 나감으로써 완전하게 되며 우리의 삶이 거룩하여 주님께 영광을 돌릴 수 있도록 역사하고 계십니다. 이는 우리로 순결하고 화평하며 기쁨 충만한 삶을 살게 하시려는 것입니다.

하나님의 수준은 세상의 수준과는 판이하게 다릅니다. 하나님께서 우리에게 자기의 수준을 제시해 주신 목적은 우리의 즐거움을 빼앗고자 함이 아니라 오히려 우리에게 전 생애에 걸친 유익을 주시기 위함입니다. 이 개념이야말로 우리가 자녀들에게 꼭 전달해 주어야 할 내용입니다. 하나님께서는 우리의 **모든** 삶에 최상의 것으로 주시기 원하십니다. 주님께서는 장기적 안목을 가지고 계십니다. 주님은 말씀하십니다. "여러분은 음란을 피하십시오. 사람이 짓는 모든 죄는 몸 밖에서 일어나지만 음행하는 사람은 자기 몸에게 죄를 짓는 것입니다. 여러분의 몸은 여러분 자신의 것이 아니라 하나님에게서 받은 것으로 여러분 안에 계시는 성령님의 성전이라는 것을 모르십니까? 하나님은 값을 치르고 여러분을 사셨습니다. 그러므로 여러분의 몸으로 하나님께 영광을 돌리십시오"(고린도전서 6:18-20, 현대인의 성경).

순결한 삶이란 여러 가지를 의미하고 있습니다. 그것은 생각과 의향 및 행동의 순결을 의미합니다. 그러나 무엇보다도 성경에서 보여 주고 있는 가장 두드러진 의미는 성적인 순결입니다. 혼외의 성행위, 애무 및 방탕한 행동은 성경에 큰 죄악으로 기록되어 있습니다.

하나님께서는 우리가 최상의 삶을 살기를 원하십니다. 그는 우리가 참으로 자유롭고, 행복하며, 영적으로 건강하기를 원하십니다. "하나님께서는 여러분이 거룩하고 깨끗한 사람이 되기를 원하십니다. 그러므로 여러분은 음행을 버리고, 깨끗하고 존경하는 마음으로 부부 생활을 하십시오. 불신자들처럼 색욕에 빠지지 말며 남의 아내를 가로채지 마십시오. 우리가 전에 여러분에게 가르치고 권면한 대로 주님께서는 우리를 더러운 욕정으로 살도록 부르신 것이 아니라 깨끗하게 살도록 불러 주셨습니다. 그러므로 이 경고를 거역하는 사람은 사람을 거역하는 것이 아니라 여러분에게 성령을 주신 하나님을 거역하는 것입니다. 하나님이 주신 영을 성령 곧 **거룩하신** 영이라 부르는 것도 다 이런 까닭이 있기 때문입니다"(데살로니가전서 4:3-8, 필립스역).

나는, 이런저런 이유로 말미암아 결혼 전에 떳떳지 못한 일이 있었거나 결국엔 현 남편과 결혼하긴 했지만 결혼 때까지 순결을 지키지 못한 상당수의 부인들과 이야기를 나누어 본 적이 있습니다. 비극적인 이야기의 사연들은 다 서로 다르지만 공통된 한 가지는 "제게 그런 일이 없었더라면 얼마나 좋을까요"라고 말하는 것이었습니다. 일반적으로 결혼 생활 중에 젊은 아내가 그 남편을 진심으로 떳떳하게 대하지 못한다면 거기에는 뭔가 까닭이 있는 경우가 많습니다. 이런 여자는 오랫동안 비교 의식, 죄의식 및 그릇된 전망과 싸우게 되는데, 이런 싸움에서 승리하는 길을 찾느라 수년을 보내기도 합니다.

유혹이 될 수 있는 상황에 빠져 들기 전에 우리의 자녀들은 확고하고 강한 확신을 갖고 있어야 합니다.

> 보통 십대의 삶 가운데는 몇 차례의 격렬한 순간들이 있습니다. 이런 순간들이 닥칠 때 유일하게 도움이 될 수 있는 것이라곤 당신이 미리 정해 놓은 방침밖에 없습니다. 위기에 직면했을 때 당신이 어떤 사람인가가 드러나게 됩니다. 그런데 사실상 그때에 드러난 당신의 모습은 이미 오래 전부터 형성되어 온 것입니다.[3]

경건의 훈련은 어린아이가 태어나는 순간부터 시작됩니다. 어린아이가 십대가 될 때까지 기다린다는 것은 너무 늦습니다. 우리는 우리 자녀들에게 일찍부터 결혼 생활에서의 성의 아름다움에 대하여, 곧 성이란 전적인 헌신이요, 교제이며, 영과 혼과 육으로 서로를 아는 것임을 가르쳐야 합니다. 성은 결혼 생활 내에서 이 모든 것이 될 수 있으며, 하나님께서 결혼이라는 관계를 위해 창조하신 것입니다.

잠언 5장은 부모가 자녀와 함께 공부하기 좋은 귀중한 자료가 됩니다. 이 장은 부정한 여자의 종말이 쓰디쓰며, 불안하고, 파멸에 이른다는 것을 분명하게 보여 주고 있습니다(잠언 5:4-6). 부정한 남자의 결국은 힘이 쇠잔하고, 세월을 허송하며, 질병에 시달리고, 어떤 경우엔 완전한 파멸에 이르게 된다는 것을 가르쳐 줍니다(잠언 5:7-14).

이 장은 결혼 생활의 아름다운 사랑과 저속한 애정 행각을 생생하게 비교해서 보여 주고 있습니다. 하나님께서는 성이 결혼 생활에서 신선하게 솟아나는 샘물같이 우리의 갈증을 없애 주고, 아무 냄새나 불순물 없이 우리에게 유쾌한 기쁨을 주는 것으로 사용되길 원하십니다. 이것은 다른 방법으로는 얻을 수 없는, 서로에 대한 지식—영속적이며 전적으로 하나 된 관계—을 갖게 해줍니다. 그러나 우리가 아무렇게나 관계를 맺는다면, 그것은 마치 작은 웅덩이 속에서 물을 이리저리 튀겨 흩어 버림으로써 샘을 막히게 하고, 우물을 얕고 더럽게 만드는 것과 마찬가지입니다. 하나님의 목전에서는 결혼 밖에서의 그 어떤 관계도 무분별한 짓입니다.

가끔 우리는 하나님께서 우리가 어떤 즐거움을 누리길 원하지 않으시나 보다고 생각할 때가 있습니다! 오히려 정반대입니다. 하나님께서는 우리가 가장 놀라운 즐거움과 기쁨과 희락을 누리길 원하십니다. 그렇지만 우리가 주님의 권면을 따르지 않으면 이것은 불가능합니다. 우리는 자녀들이 결혼과는 상관없이 "모든 걸 전부" 할 수 있다고 생각할 경우 그들이 속고 있다는 것을 가르쳐 주어야 합니다. 찰리 쉐드는 그것을 이런 식으로 표현합니다.

> 나는 몇 번씩이나 듣고 또 듣고 귀에 따갑게 그 얘길 듣고 있습니다. 내가 받아 본 편지에 '모든 걸 전부!'라는 말이 많이 나옵니다… '그는 말하기를 우리는 장차 결혼할 텐데 왜 모든 걸 전부 줄 수 없느냐는 거예요.'… '당신이라 할지라도 모든 걸 전부 주지 않는다면 우리 학교 친구들에게서 별난 사람이라고 놀림을 받을 겁니다'… '우리가

서로 사랑하는데 왜 모든 걸 전부 줄 수 없다는 거죠? 그 이유를 말해 줄 수 있겠어요?'

물론 말할 수 있습니다. 당선이 지금 이야기하고 있는 모든 것이라고 하는 것은 사실상 불완전하기 짝이 없는 말입니다. 그것은 4분의 1, 또는 8분의 1, 또는 32분의 1도 못됩니다. 아니 당신이 원하는 것의 1퍼센트도 안 될 것입니다. 당신이 '모든 걸 전부' 준다고 하는 말은 사실상 불완전하며 저급한 말입니다.

성의 최선의 상태는 전적인 헌신입니다. 당신의 감성 전부와 다른 사람의 감성 전부가 하나로 연합되는 것입니다.

성이란 단순한 성행위에 불과하다는 생각에 잘못이 있습니다. 그러나 성이란 훨씬 그 이상의 것입니다. 성이란 진정 당신과 당신의 사랑하는 사람이 하나가 되는 일입니다. 이것은 우주의 중심에 그 영원한 뿌리를 내리고 있습니다. 최대한도로 '모든 걸 전부' 준다고 하더라도 성은 결코 자유로워서는 안 됩니다. 성이란 모름지기 전적으로 헌신이란 값을 치르고자 하는 사람들을 위한 것입니다.[4]

우리는 우리의 모든 아름다움과 거룩함과 기쁨을 위하여 지으신 성의 신성한 목적을 자녀들에게 교육해서 이해시킬 수 있는 능력을 하나님께 구해야 합니다. 우리의 목표는 자녀들이 그리스도의 마음을 가지고, 우리 자신의 제한된 시야에서가 아니라 하나님의 전망으로 하나님의 계획을 볼 수 있도록 교육하는 것입니다. 우리는 결혼 생활 안에서 하나님께서 성에 대해서 가지신 고귀한 계획과 그 계획을 소홀히 여길 때 오는 결과에 대해 분명히 이야기해 주어야 합니다. 여기엔 용기와 시간과 지혜가 필요합니다. "하나님으로서는 다 하실 수 있습니다"(마태복음 19:26).

17. 순결과 경건

바로 조금 전까지 집회를 가졌던 집을 나서서 밖으로 나왔을 때 두 부인이 나를 앞질러 갔습니다. 그때 밖에서 금발 머리를 두 갈래로 단정히 땋아 내린 세 살 된 여자 아이가 세발자전거에 걸터앉아 우리를 쳐다보고 있었습니다. 우리가 그 집에서 나와 차 쪽으로 걸어가고 있을 때도, 그 애는 우리를 번갈아 가며 유심히 바라보는 것이었습니다. 내가 그 애 맞은편으로 다가가자, 그 애는 실망한 표정으로 머리를 흔들면서 화를 내듯 말했습니다. "엄마는 셋인데, 아이는 하나도 없어?"

내게는 유일하게 한 "아이"만 있는데, 그 애가 여자 아이인 까닭에, 이 장에서 내가 기록한 순결에 대한 내용은 필연적으로 여자 아이를 가르치기 위한 관점에서 본 것입니다. 남자 애들을 가르쳐야 될 경우엔 그에 맞게 당신이 각색할 수 있을 것입니다.

우리가 참으로 우리 자녀들이 경건한 삶을 살 수 있도록 도울 수 있기 위해서는 순결의 특별한 몇 가지 영역에 주의를 기울여야 될 필요가 있습니다. 모든 영역을 다 이야기할 수는 없으므로, 여기서는 순결에 관하여 생각하며 기도할 수 있는 자료를 제공하여 개인적으로 철저하게 공부해 볼 수 있는 동기를 주는 정도로 만족하고자 합니다. 우리가 처하고 있는 환경은 각기 다르기 때문에 나의 확신을 당신에게 그대로 강요할 수는 없으며, 그렇게 하고 싶지도 않습니다. 다만 당신 스스로 생각해 보고 기도하길 바랄 뿐입니다.

잠언 7장에는, 배울 점이라곤 하나도 없는 한 여자에 대한 기록이 나와 있습니다. 여기 나와 있는 그녀의 특성들을 살펴보면, 여자로서 피해야 할 행동 지침들을 얻을 수 있습니다.

이 여자는 기생의 옷을 입고 있습니다(10절). 이 여자는 "간교한" 마음으로 남자를 유혹하려고 밖에 나와 있었습니다. 이 여자는 달콤한 말로 유혹하고, 뻔뻔스럽게 행동하며, 호리는 말로 꾀며, 부끄러운 줄도 모르고 처신했습니다. 결코 아름다운 모습이 아니며, 우리가 도저히 용납할 수 없는 행동거지임을 한눈에 알아볼 수 있습니다. 그렇지만 좀 더 자세히 살펴봅시다.

이 여자에 관해서 첫 번째로 언급해 주고 있는 내용은 그녀의 옷차림입니다.

빈틈없는 남자인, 린의 한 친구가 린에게 바로 이 점과 연관된 편지를 써 보냈습니다. "당신도 아시겠지만, 근본적으로 아담과 하와가 범죄하지 않았더라면 우리에게도 아무런 문제가 없을 겁니다. 그러나 우리의 현실은 자칫 잘못하면 우리는 모두 다 육신적이 되기 때문에 이것을 경계해야만 될 상황에 처해 있습니다. 이제는 진부한 말이 되어 버린 정숙이란 의미가 새롭게 요구되고 있습니다. 지금 내가 빅토리아 시대에 살고 있지 않다는 것은 압니다. 하지만 비키니 수영복은 그 의도가 정욕을 노출시키기 위한 것입니다. 꼬집어 말하자면, 남자들을 자극하자는 것입니다. 그리스도인 여자가 어떻게 그런 걸 입을 수 있을까요?"

어느 해 여름, 린과 그 남편 팀은 일단의 대학생 연령층의 미혼 남자들을 대상으로 그들의 생각을 혼란시키고 있는 문제들에 관하여 설문조사를 했습니다. 그 결과는 유익한 자료가 되었습니다. 옷차림에 관한 질문은 다음과 같았습니다. "유혹이 되거나 마음을 산란시키는 여자들의 옷은 어떤 것들입니까?" 질문에 응했던 남자들은 거의 한결같이 목을 너무 많이 판 옷, 짧은 셔츠, 꼭 끼는 옷, 속이 비치는 블라우스가 문제된다고 답했습니다. 어떤 사람들은 홀터(팔과 등이 나온 부인용 운동복), 미드립(몸통 부분의 중앙이 트인 부인복), 눈에 띄는 브래지어 등을 지적하였습니다.

예수님께서는 이렇게 말씀하셨습니다. "실족케 하는 일이 없을 수는 없으나, 실족케 하는 그 사람에게는 화가 있도다"(마태복음 18:7). 나는 될 수 있는 대로 옷차림을 아름답게 하는 편입니다. 하나님께서 나를 "공주" ―왕의 자녀―로 삼으셨기에 공주로서 할 수 있는 한 멋있고 매력 있게 옷을 입어야 될 필요가 있기 때문입니다.

그러나 한 가지 더 고려해야 할 것은 주위 믿는 이들의 생각 속에 문제를 일으켜 내 자신이 유혹의 대상이 되지 않도록 주의해야 한다는 점입니다. 여기에서 중요한 것은 내가 다른 사람들의 관심을 곧장 나에게 쏠리게 하는 옷을 입어서는 안 된다는 점입니다. 그리스도께서는 나를 통해 온전히 드러내시기를 원하십니다. 우리의 목표는 모든 영광 중에 우리가 드러나는 것이 아니라, 그리스도를 비치는 거울이 되어 그분의 영광을 드러내고 우리는 사라지는 것입니다. 예를 들어, 내가 여러 모양으로 치장을 하는 사람들 속에서 화장을 하지 않고 지낸다면, 나는 단지 "화장을 하지 않는 여자"로만 알려지게 되고, 사람들의 관심은 여전히 그리스도가 아닌 '비치는 거울'에게만 집중되게 됩니다. 반대로 내가 별로 치장하지 않는 사람들 속에서 각종 현란한 보석으로 단장하고 다닌다면, 그들은 내 삶의 보배가 되시는 그리스도가 아닌 나의 보석들에만 관심을 갖게 될 것입니다.

내 옷이 내 신체의 어떤 특정한 부분, 특히 어떤 사람의 마음속에 유혹적인 생각을 불러일으킬 수 있는 부분에 눈길을 끌게 한다면, 나는 그 사람이 내 속에 계신 그리스도를 볼 수 없게 만든 것이므로, 그리스도를 영화롭게 하지 못한 것입니다.

  대부분의 여자들은 남자들이 어떻게 생각할까를 전혀 안중에도 두지 않습니다. T-셔츠를 입고 있는 여자를 바라본다고 해서 그네들에게 별다른 문제가 야기되었던 것은 아니기 때문에, 그들은 "중요한 것은 속사람이야"라고 말하면서 남자들에게도 으레 별 문제가 되지 않을 것으로 가볍게 넘겨 버리는 것입니다. 우리는 한 어머니로서 남편들을 통해서 남자들의 생각은 어떠한가를 알아볼 필요가 있습니다. 그렇게 해서 남자들은 어떤 종류의 자극을 받을 때 스스로도 원치 않는 생각들에 너무나 쉽게 빠지게 된다는 것을 딸들이 잘 알도록 교육해야 합니다. 그렇지만 우리는 딸애로 하여금 지나치게 자신을 의식하게 하거나, 뭇 남자들이 다 그녀에게 꿍꿍이속을 품고 있다고 생각하게 하려는 것이 아닙니다. 다만 인생을 살아가는 동안 의상을 선택하는 데 도움이 될 수 있는 몇 가지 원리들을 가르쳐 주어야 할 필요가 있다는 것입니다.

  잠언 7장에서 이야기하고 있는 두 번째 주제는 여자의 행실, 즉 처신에 관한 것입니다. 팀과 린의 설문지에 응답한 사람들은 이에 대해서도 매우 흥미로운 자료를 제공해 주었습니다. "옷차림 외에 또 당신의 마음을 산란시키는 것들로는 무엇이 있습니까?"라는 질문에 대해서, 눈을 깜박이며 시시덕거리는 것, 바른 자세로 앉아 있지 않는 것, 누워 있는 것, 다른 사람을 앞질러 의견을 말하는 것 등으로 답했습니다. 미니 스타일이 한창 유행하던 무렵, 한 그리스도인 지도자는 십대 소녀들에게 다음과 같은 충고를 들려주었습니다. "남자들이 여러분의 팬티 끝자락을 보게 될 때에, 그들은 그것을 어쩌다 우연히 그렇게 된 사건 정도로 여겨 줄 것이라고 생각하지 마십시오. 그들은 여러분이 고의로 그것을 내보이고 있다고 생각하며, 바로 이것이 그들에게 문제가 됩니다."

그때 면담했던 사람들은 또한 몇 가지 긍정적인 측면들도 이야기했습니다. "당신은 어떠한 유형의 그리스도인 여자를 귀하게 여깁니까?"라는 설문에 그들은 다른 사람의 관심을 끌기 위해 애쓰지 않고, 자신의 안전을 하나님 안에서 찾는 여자를 좋아한다고 답했습니다. 남자들은 경박하게 시시덕거리지 않고, 옷차림이 수수하며, 남자들의 감정에 민감한 여자를 귀하게 여기며 아름다운 성품을 가진 여자를 존경한다는 사실을 알 수 있습니다.

경건이란 하라 또는 하지 말라고 열거해 놓은 항목들이 아닙니다. 이 장에서 이야기했던 몇 가지 특정한 사례는 단지 몇몇 영역에서 구체적인 아이디어를 제공했던 것에 지나지 않습니다. 우리는, 마음의 태도와 하나님께 대한 순종과 다른 사람들에 대한 사랑의 영역에서 자녀들을 가르치고 훈련해야 합니다. 우리는 그들에게 옷차림에 주의를 기울여야만 하는 이면에 있는 이유를 보여 줄 필요가 있습니다. 고린도전서 8:12의 진리가 그들의 마음속에 심겨야 합니다. "이같이 너희가 형제에게 죄를 지어 그 약한 심령을 상하게 하는 것이 곧 그리스도에게 죄를 짓는 것이니라." 베드로전서 3:3-4에 나타난 원리를 그들이 확신할 수 있어야 합니다. "너희 단장은 머리를 꾸미고, 금을 차고, 아름다운 옷을 입는 외모로 하지 말고, 오직 마음에 숨은 사람을 온유하고 안정한 심령의 썩지 아니할 것으로 하라. 이는 하나님 앞에 값진 것이니라."

하나님께서는 마음을 보십니다. 주님은 우리의 동기, 우리의 의향, 태도 및 성품을 감찰하십니다. 그러나 사람들은 우리의 행위로써만 우리가 어떠한 사람인지를 알 수 있게 됩니다. 우리가 우리 주님의 성공적인 사신(使臣)이 될 수 있기 위해서는 이 사실을 이해하는 것이 꼭 필요합니다.

다음과 같이 기도하기 바랍니다.

아버지 하나님, 저는 참으로 이 영역에서 지혜가 필요합니다. 저는 제 아이들을 틀에 맞추어 할 것과 하지 말아야 할 것 사이에서 씨름하는 율법적인 사람이 되게 하고 싶지 않습니다. 그들을 경건하게 훈련하고, 그들에게 규율 이면에 있는 원리들을 가르칠 수 있도록 도와주십시오. 주님, 또한 제가 이 원리들을 굳게 잘 결합시킬 수 있도록 도와주셔서 그들이 견고하게 살아갈 수 있게 해주십시오. 감사합니다.

18. 가장 귀중한 유산

최근 한 잡지에,[1] 계속 A학점을 받다가 처음으로 B학점을 받고 나서 15살의 나이로 목을 매어 자살한 에이미라는 학생에 관한 기사가 실렸습니다. 그 여자 아이는 다음과 같은 유서를 남겼습니다.

엄마와 아빠는 한 번도 나에게 좋은 점수를 얻어야 한다고 말씀하신 적이 없다. 실제로 우리가 점수에 대해서 이야기한 건 손에 꼽을까 말까다. 그러나 나는 알고 있다. 그분들은 한 번의 실패도 원하지 않으시고, 또 그 실패가 그분들에게는 견디기 어려운 거라는 걸 말이다. 내가 하는 일에서 실패한다는 것은 나는 인생의 실패자라는 뜻이다. 안녕."

최근 이곳저곳에 실린 이러한 십대들의 자살에 관한 기사들이 내게 심한 충격을 줍니다. 에이미에 관한 이 기사는 또한, 어린아이들이 자살을 하는 까닭은, 행복이란 물질이나 자기가 하는 일, 환경에 대한 적응, 아무 문제가 없는 삶 등을 통해서 찾을 수 있다고 배워 왔기 때문이라고 밝혔습니다. 이런 것들은 모두 잘못된 개념들인데, 우리는 우리 자녀들에게 이런 잘못된 개념들을 가르쳐 왔다는 것입니다.

또 다른 기사에서 다음과 같은 글을 보았습니다.

> 부모들은 성취하고자 하는 바를 추구하게 함으로써가 아니라, 어려움이 따르는 것을 회피하게 함으로써 그 자녀들을 행복하게 해주려고 노력합니다. 부모들은 일년 내내 활동들로 꽉 찬 일정을 마련해 주어서 자녀들을 무료하지 않게 해줍니다. 실패의 원인을 합리화하고 책임을 모면하게 해줌으로써 실패감을 갖지 않도록 해줍니다. 어려운 상황을 맞닥뜨리지 않게 해줌으로써 갈등을 없애 줍니다. 여러 일들을 해줌으로써 수고를 없애 줍니다. 이렇게 자라난 아이들은 방종하게 될 뿐 아니라 자신감도 결여됩니다. 과잉보호는 자녀들에게 '나는 어떻게 할 수 없다'는 느낌을 주입하여 온 셈입니다. 그러므로 문제가 생길 때, 그들에게는 그 문제를 대처할 준비가 전혀 되어 있질 않습니다. 그래서 한 가지 가능한 돌파구로서 자살이 빈번하게 나타나게 되는 것입니다.[2]

우리는 자녀들에게 심어 주고 있는 그릇된 가치관과 여기에서 야기되는 결과에 대해서 많은 이야기들을 듣고 있습니다. 우리의 할 일에 대해서도 듣고 있습니다. "의사소통"을 해야 하고, 사랑을 나타내 보여 주어야 하고, 받아 주고, 올바른 가치관을 심어 주어야 한다는 것입니다. 또한 이따금씩 의사소통의 방법과, 사랑을 나타내 보이는 방법에 관해 좋은 조언도 받고 있습니다. 그러나 의사소통에 많은 수고가 뒤따르는 경우에 이에 필요한 능력과 힘을 어떻게 얻을 수 있느냐에 관해서는 거의 이야기를 듣지 못하고 있습니다. 기진맥진한 상태에서 사랑을 드러내기란 어려운 일이며, 미움을 받고 있다고 느끼면서 사랑을 보여 주기란 거의 불가능합니다. 만일 스스로 거부당하고 있다는 느낌을 가지고 있다면, 우리는 다른 사람들을 진실로 받아 줄 수 없으며, 자녀들의 삶을 바로 세워 줄 수 있는 가치관을 심어 줄 수 없습니다. 이 부도덕하고 불건전한 세상은 아이들을 도덕적, 감정적으로 건전하게 양육해 줄 만한 해결책을 제대로 제시해 주지 못하고 있습니다.

한 아이를 낳아서 그 귀한 생명을 전적으로 책임진다고 하는 것은 두려운 일입니다. 우리의 경우를 보면, 그 책임을 전적으로 우리 부부가 혼자 떠맡아야 하는 게 아니라는 깊은 확신이 없었다면 그 일은 우리에게는 그야말로 너무나 두려운 일이었을 것입니다. 복잡 미묘하기 그지없는 한 영혼을 이끌어 가는 이 일은 너무도 두려운 과제이기에, 사람들의 제각기 서로 다른 견해들에 바탕을 두고 아이들을 기를 수는 없는 노릇이었습니다. 그러면서 어찌 "최선을 바랄" 수 있겠습니까? 우리에게는 좀 더 믿을 만한 방법이 필요했습니다. 그때에 우리가 확신할 수 있었고 지금도 확신하고 있는 바는 우리가 믿고 닻을 내릴 수 있는 곳이라곤 하나님밖에 없다는 사실입니다. 하나님께서는 그분의 말씀을 통하여 어떻게 아이를 길러야 할지를 우리에게 말씀하여 주십니다.

남편과 나는 아이를 갖기 전에, 장차 하나님을 사랑하고 경외할 아이를 허락해 주시도록 오랫동안 기도해 왔었습니다. 하나님께서는 우리의 기도를 들으사, 앞에 일어날 일을 아시고 우리에게 한 아이만을 주시기로 작정하셨던 것 같습니다. 과연 린은 자라서 하나님을 사랑하고 섬기는 팀이란 사람의 아내가 되어 남편과 함께 그녀도 하나님을 사랑하고 섬기게 되었습니다. 우리는 팀을 알기도 전에 그를 위해서 기도를 많이 했습니다. 우리는 린의 결혼 상대로서 하나님께서 어떤 사람을 택하여 주실지는 몰랐지만 그를 위해 구체적인 내용으로 기도했습니다. 그 첫 번째 기도 내용은 그가 하나님을 진심으로 사랑하고 섬기고자 하는 열망이 큰 사람이 되게 해달라는 것이었습니다. 하나님께서는 우리가 구체적으로 기도했던 그대로 응답해 주셨습니다. 우리의 기도를 따라 하나님께서 많은 보너스까지 곁들여서 응답해 주신 사람이 바로 팀입니다. 이렇게 해서 지금은 또 하나의 세대가 시작되고 있습니다.

린이 아이를 가진 지 석 달쯤 되던 어느 날, 린은 기쁨에 벅찬 듯 활기찬 목소리로 전화를 해왔습니다. "엄마, 지금 막 아이의 심장에서 나는 고동 소리를 들었어요!" 린은 현대 과학 기술 덕분으로 석 달 만에 자기 안에 완전한 형체를 갖춘 9cm 크기의 생명체가 내는 소리를 들은 것입니다. 우리는 크게 기뻐하면서도 조부모가 된다는 생각에 흥분이 되고 떨렸습니다. 이따금씩 우리는 이 아이를 생각하며 가장 신나할 사람이 누굴까 하고 따져 보기도 했습니다. 그 애의 부모? 그 애의 증조부모(이 아이는 그분들의 첫 번째 증손이었습니다)? 아니면 우리? 가히 누구라고 꼬집어 말하기가 어려운 지경이었습니다.

할머니가 된다고 생각하니 나는 마음이 흐뭇했습니다. 그러나 또 한편으로는, 오늘날처럼 도덕이 어그러진 세상과 자유 방탕한 사회 속에서 부모들에게 부여된 책임을 숙고해 볼 때 정신이 번쩍 들지 않을 수 없었습니다. 그래서 나는 아직 린의 태내에 있는 손자 아이를 위해 기도하기 시작했습니다. 데살로니가전서 5:23과 같은 하나님의 진리가 실재함을 그 아이에게 가르칠 수 있기 위해서 린과 팀에게는 하나님의 지혜와 은혜가 필요할 것입니다. "평강의 하나님이 친히 너희로 온전히 거룩하게 하시고, 또 너희 온 영과 혼과 몸이 우리 주 예수 그리스도 강림하실 때에 흠없게 보전되기를 원하노라." 그들은 그 아이가 어릴 때부터 가르치기 시작해서 다 자랄 때까지 결코 멈추지 말아야 할 것입니다.

자녀들에게 도덕적인 순결을 지켜야 할 온갖 정당하고 믿을 만한 이유를 가르쳐 준다 해도, 세상은 겉보기에 합리적이고 그럴듯한 이유를 들어 도리어 가르친 것과는 반대로 행동하도록 유도할 수 있습니다. 하나님을 향한 절대적인 신뢰와 성경의 명령들을 순종하고자 하는 깊은 열망만이 이 세상의 파괴적인 권세들을 강력하게 대항할 수 있습니다.

이것은 자주 등한시되는 개념을 우리에게 일깨워 줍니다.

현 세대는 하나님의 사랑만을 크게 강조한 나머지 하나님을 경외하는 일은 소홀히 하게 되었습니다. 하나님을 경외한다는 것은 우리의 잘못을 찾아내어 벌하려고 노기를 띠고 서 있는 재판관을 두려워하는 것과 같이 하나님을 두려워해야 한다는 말이 아닙니다. 나는 건전한 존경심과 불순종의 결과에 대한 두려움을 말하고 있습니다. 하나님께서는 사랑 안에서 우리를 징계하실 것이라고 약속하셨기 때문입니다. 우리가 부모로서 자녀에게 먹이는 것뿐 아니라 훈계도 하듯이 하나님께서도 그의 자녀들을 먹이실 뿐 아니라 훈계하십니다. 보통 "먹이는" 면에서는 문제 될 것이 없습니다.

그러나 불행히도, 지난 몇 세대 동안 하나님의 사랑과 '먹이는 것'만 크게 강조되어 온 나머지, 주님의 '훈계'는 뒷전에 밀려났습니다. 지금이야말로 다시금 사랑의 하나님은 또한 진노의 하나님이시며, 훈계하시는 주님이심을 잊지 말고 가르쳐야 할 때입니다.

주님의 '훈계'란 무엇입니까? '훈계'는 가르침, 지시, 명령을 말합니다. 자녀들은 훈련받는 것을 배워야 합니다. 부모들은 자녀를 훈련하는 법을 배워야 합니다.[3]

내가 어렸을 때 아버지께서는 나를 극진히 사랑해 주셨습니다. 나도 역시 아버지를 깊이 사랑했습니다. 그렇지만 또한 나는 아버지나 어머니께 불순종하거나 말대꾸했을 때, 또는 가족 중 누구에게든 잘못을 저질렀을 때 뒤따르게 될 결과를 매우 진지하고 건전한 경외심 가운데 기다렸습니다. 그때마다 꼭 갑작스런 징계가 내려쳤었던 까닭이죠. 이에 대해 나의 감사하는 마음은 앞으로도 계속되리라 생각합니다.

하나님의 징계를 두려워하는 마음이 없었더라면, 내 마음대로 했을 법했던 때가 내 생애에 여러 번 있었습니다. 두려움이란 건전한 것입니다.

> 두려움이란 많은 사람들에게 다소 비위에 거슬리는 개념이지만, 또한 꼭 필요한 속성이기도 합니다. 우리 일상생활에 나타나는 두려움의 작용을 잠깐 상고해 봅시다. 우리가 교통 법규를 지킨다거나 손윗사람을 공경하는 이유는 그렇게 하지 않을 때 우리 자신과 다른 사람에게 미치는 결과가 두렵기 때문입니다. 우리가 자녀들을 위험으로부터 보호하는 것은 그들이 다치거나 죽을까 봐 두려워하기 때문입니다. 주의 깊게 분석해 보면, 심지어 사랑 안에도 두려움의 요소가 있습니다. 수많은 삶의 모습 속에 두려움이 내재해 있습니다. 전능하신 하나님께 대한 우리의 태도에도 두려움이 깃들어 있습니다. 하나님께서 그것을 요구하십니다. "곧 너와 네 아들과 네 손자로 평생에 네 하나님 여호와를 경외(두려워)하며, 내가 너희에게 명한 그 모든 규례와 명령을 지키게 하기 위한 것이며, 또 네 날을 장구케 하기 위한 것이라"(신명기 6:2).[4]

물론 하나님의 명령을 아이들의 머리 위에서 칼처럼 휘둘러서는 안 됩니다. 먼저는 사랑의 아버지로서 하나님을 신뢰하는 법과 영적인 성숙을 향해 자라 가는 법을 가르쳐 주어야 합니다. 그러나 또한 우리가 가르쳐 주어야 할 다른 중요한 한 가지는 거룩하신 하나님에 대한 건전한 경외심입니다.

이러한 개념들을 자녀들에게 가르치기 전에, 우리들 자신이 먼저 이 개념들을 이해하고, 골로새서 2:6-10의 진리로 무장되어 있지 않으면 안 됩니다.

여러분은 이미 여러분을 구원하시는 그리스도를 믿었으니 일상생활의 문제에 있어서도 그리스도를 의지하고 그리스도와 연합하여 활력이 넘치는 생활을 하십시오. 그리스도에게 깊이 뿌리를 내려 그분에게서 양분을 섭취하십시오. 주님 안에서 계속 성장하고, 여러분이 배운 진리 안에서 강하고 힘찬 삶을 사십시오. 그리스도께서 행하신 모든 일을 인하여 기쁨과 감사가 넘치는 생활을 하십시오.

다른 사람들이 그들의 철학으로 여러분의 신앙과 기쁨을 망치지 않도록 하십시오. 그들의 철학은 그리스도의 말씀이 아니라 인간의 생각이나 사상 위에 세워진, 잘못되고 천박한 해답들입니다. 육신을 입고 오신 그리스도 안에는 하나님의 모든 것이 들어 있기 때문입니다. 따라서 여러분이 그리스도를 소유할 때 모든 것을 소유한 것이 됩니다. 그리고 여러분은 그리스도와 연합을 통하여 하나님으로 충만하게 됩니다. 그리스도는 모든 다른 능력을 지배하시는 권세를 가진 최고의 통치자이십니다. (Living Bible)

여기에서 이런 생각을 할 사람이 있을지도 모르겠습니다. "나도 나 자신의 삶에서 실패해 왔는데, 하물며 어떻게 자녀들을 경건하게 교육시킬 수 있단 말인가? 가망 없는 일이야!" 그러나 그렇지 않습니다. 얼마든지 가능한 일입니다.

이사야 26:12-14은 다음과 같이 말해 주고 있습니다. "여호와여, 주께서 우리를 위하여 평강을 베푸시오리니 주께서 우리 모든 일을 우리를 위하여 이루심이니이다. 여호와 우리 하나님이시여, 주 외에 다른 주들이 우리를 관할하였사오나 우리가 주만 의뢰하고 주의 이름을 부르리이다. 그들은 죽었은즉 다시 살지 못하겠고, 사망하였은즉 일어나지 못할 것이니 이는 주께서 벌하여 멸하사 그 모든 기억을 멸절하셨음이니이다."

 의미 깊은 말씀이 아닙니까? 당신에게는 당신을 관할하는 "다른 주(主)들"이 있을지 모릅니다. 욕심의 주, 부정(不淨)의 주 등, 이 모든 것들은 "죽게" 됩니다. 그뿐 아니라, 여기 이사야 26장에서, 하나님께서는 그 모든 기억까지도 멸절하신다고 말씀하십니다.

 우리가 우리 죄를 자백하면, 하나님께서는 그 죄를 영원히 멸절시켜 버리십니다. 그것들은 사장되어 사라져 버립니다. 우리의 지난 과거가 깨끗해집니다. 물론, 상처와 후회가 남을 것입니다. 그러기에 우리는 비교 의식과 죄의식에 얽매이지 않도록 더욱더 하나님의 은혜를 간구해야 할 것입니다. 하나님께서는 우리를 있는 그대로 받으시고 우리를 축복하사 그분의 독특한 방법으로 우리를 사용하십니다.

 구약에 보면 많은 죄악들에 대해 사형이 내려졌습니다. 레위기 20장에 나오는 이러한 죄악들의 목록은 실로 끔찍한 것들입니다. 부모에 대한 저주, 간음, 동성애 관계, 부도덕 등이 그 주류를 이루고 있었습니다. 이 모든 죄악들은 사형으로 처벌되었습니다. 그러나 그리스도께서 이 죄악들 때문에 죽으셨음을 기억하십시오. 로마서 5:8에서 바울은, "우리가 아직 죄인 되었을 때에, 그리스도께서 우리를 위하여 죽으셨다"고 말합니다. 그러므로 우리가 그리스도를 영접했다면, 이러한 죄목들 위에 "용서받음"이라는 말이 적히게 됩니다.

 그러나 이것은 우리가 이러한 죄들을 계속적으로 지어도 좋다는 말이 아닙니다. 하나님은 그것을 금하셨습니다! 하나님은 우리가 실제적으로 지금 이 순간부터 계속해서 영원히 거룩한 삶을 살기를 원하십니다. 당신에게 일그러진 도덕적 상처가 있다면 하나님께 용서를 구할 뿐 아니라 또한 은혜를 베푸셔서 그 상처가 더 이상 기억나지 않게 해주실 것을 구하십시오. 다음에는 당신의 자녀들이 전심으로 하나님을 따르며 또 당신이 빠졌던 함정에 다시 빠지지 않도록 훈련시킬 수 있는 특별한 지혜를 구하십시오.

우리 세대에 널리 퍼져 있는 생각을 다음과 같은 말이 잘 정리해 주고 있습니다. "도덕적인 것은 나중에 좋게 느껴지는 것이며, 부도덕적인 것은 나중에 나쁘게 느껴지는 것이다."

요즈음 같은 도덕의 혼돈 시대에 우리가 강력하게 주장해야 될 것이 있습니다. 즉, 하나님께서 도덕적이라고 말씀하신 것만이 참된 도덕이며, 하나님께서 부도덕한 것이라고 말씀해 주신 것은 부도덕임을 우리는 강하게 주장해야 합니다.

자녀의 삶에 주된 영향력을 미치고 있는 사람은 부모입니다. 최근 여동생으로부터 다음과 같은 내용의 편지를 받았습니다. "저는 베드로전서 1:4—'썩지 않고, 더럽지 않고, 쇠하지 아니하는 기업을 잇게 하시나니 곧 너희를 위하여 하늘에 간직하신 것이라'—을 읽고 있었습니다. 저는 어머니와 아버지가 남겨 주신, 확실히 썩지 않고, 더럽지 않고, 쇠하지 아니하는 이 땅의 기업에 대해 생각해 보았습니다. 그러나 다른 무엇보다도 주님이요 구세주 되신 예수 그리스도를 아는 지식과 그분들의 방법을 따라 양육을 받았던 것이야말로 우리가 결코 잊지 못할 유산이며 우리를 위해 하늘에 안전하게 간직해 놓은 기업이었어요. 하나님을 찬양합니다! 하나님을 사랑하고 그를 영화롭게 하는 삶을 살도록 아이들을 양육하는 것이야말로 우리의 소중한 아이들에게 남겨 줄 수 있는 가장 귀중한 유산이 될 것입니다. 우리는 참으로 **축복받은** 사람들입니다."

나는 최근에 한 TV 아나운서가, "중요한 것은 당신이 무엇을 아느냐가 아니라, 누구를 아느냐 하는 것입니다"라고 말하는 것을 들었습니다. 그는 미소를 지으면서 이 진부한 어귀를 되풀이 말했습니다. 그 속에 담겨 있는 진리가 갑자기 마음속에 떠올랐습니다. 그리스도인의 삶에 있어서도 당신이 무엇을 아느냐 하는 것은 중요하지 않습니다. 중요한 것은 당신이 누구를 아느냐 하는 것입니다. 그리스도를 닮아 가는 삶의 모든 비밀은 그리스도 안에 감추어져 있습니다. 우리가 빛 가운데서 살아갈 수 있느냐 없느냐 하는 것은, 우리가 무엇을 해야 하느냐 혹은 하지 말아야 하느냐를 아는 데 있지 않고, 누구를 알며, 그를 얼마나 깊이 있게 알고 있느냐에 달려 있습니다.

하나님께서 우리의 기도에 깊이를 주시고, 가르칠 수 있는 용기와 경건하게 훈련시킬 수 있는 지혜를 우리에게 주시길 기도합니다.

제4부

지혜로운 여인은 세웁니다

19. 우리 삶의 목표

어느 화창한 토요일 아침, 10시경에 걸려온 세 차례의 전화로 말미암아 그날 나의 하루는 갑자기 우울해지기 시작했습니다. 전화는 내가 그동안 깊이 염려해 왔던, 마음에 상처받은 어떤 사람에게서 온 것이었습니다. 세 번째 전화를 받은 후, 나는 방에 돌아와 성경을 꺼내어 골로새서 3장을 폈습니다. 그날 아침 하나님께서는 그때까지 계속 가르쳐 주셨던 한 가지 교훈을 내 마음에 사무치도록 깊이 심어 주셨습니다. 처음 두 구절에서 하나님은 내 마음속에 매우 힘찬 음성을 들려주셨습니다. "그러므로 너희가 그리스도와 함께 다시 살리심을 받았으면 위엣 것을 찾으라. 거기는 그리스도께서 하나님 우편에 앉아 계시느니라. 위엣 것을 생각하고 땅엣 것을 생각지 말라."

내가 말씀에 젖어 들 때 주님께서는 나에게 주님의 길을 가르쳐 보여 주셨습니다. "캐롤, 너는 나 외에 어떤 것에도 네 마음을 두어서는 안 된다. 너는 위엣 것에 마음을 두고 또한 계속적으로 그것을 찾아가야 해. 사람들의 문제에 네 마음을 집중해선 안 된다. 물론, 그들의 짐을 나누어 져야 되지만, 네 마음이 이런 것들에 온통 사로잡혀서는 안 되는 거야. 너는 온 마음을 나에게 두어야 해." 그리하여 그날, 나는 다시금 눈에 띄게 활기를 되찾게 되었습니다. 배우고 또 배우고, 배울 것이 너무나 많았습니다.

그로부터 일주일이 지난 후, 오랫동안 기다려 오던 해외여행이 취소되었을 때, 하나님께서는 나에게 또 하나의 중요한 원리를 가르쳐 주셨습니다. "캐롤, 이 땅 위의 여행에 너의 마음을 두지 말아라. 너의 시야는 아직도 더 높아져야 돼. 네 마음을 하늘나라의 여행에 두렴. 너는 온 마음을 나에게 두어라." (아, 주님, 모두 옳습니다. 그것도 그렇군요.)

남부와 중서부 전역을 갑작스레 휩쓸었던 거센 폭풍우 때문에 여행 일정이 엉뚱하게 다시 한 번 바뀌게 되었을 때, 하나님께서는 부드러운 음성으로 상기시켜 주셨습니다. "너의 마음을 고정된 일정에 집착시키지 말아라. 내가 다스리고 있으니까. 너의 마음을 나에게 두어라." (또 다른 측면이라고요? 아버지, 옳습니다. 이제 좀 알 것 같습니다.) 또 어떤 날은 나의 마음이 외적인 압박과 어려운 문제로 금방이라도 눈물을 쏟을 듯 흔들리며 연약해졌습니다. 그런 일이 내게 자주 일어나지는 않습니다. 하지만 금방이라도 눈물이 쏟아질 듯한 아슬아슬한 순간이 나를 두렵게 했습니다. 하나님의 변함없는 음성이 계속 들려왔습니다. "캐롤, 한 가지 더 이야기하겠다. 마음을 강하게 하려거든 너는 너의 능력이나 무능력에 마음을 두지 말아라. 네 마음을 나에게 두어라." (나는 과연 그렇게 될 수 있을 것인가? 나의 초점이 누구든, 언제든, 또는 무엇이든 상관없는 것 같았습니다. 분명한 건 그것이 하나님이 아니라면 잘못이라는 것이었습니다.)

나는 최근에 에벌린 크리스텐슨의 **주여, 나를 변화시켜 주옵소서**라는 아주 훌륭한 책을 읽었습니다. 하나님께서는 그 책을 통하여 나에게 굉장한 것을 알려 주셨습니다. 그러나 나는 거기에서도 초점을 잘못 엉뚱한 곳에 맞추고 있음을 깨달았습니다(저자의 잘못이 아니라, 내 잘못이었습니다). 나는 "주여, 나를 변화시켜 주옵소서"에서 '나를'에다 초점을 맞추고 있었지만 하나님께서는 '주여'에 초점을 맞추길 원하셨습니다.

골로새서 3:1-2을 읽는 데 몇 주일이 걸렸습니다. 하나님께서는 바로 그 부분에 나를 사로잡아 놓으셨기 때문입니다. 마침내 3절을 읽게 되었습니다. 그런데 하마터면 나는 큰 소리로 웃을 뻔했습니다. 어떤 일이나, 문제점, 사람들 때문에 내 마음이 상하거나 영향을 받아서는 안 되는 이유가 바로 거기에 있었기 때문입니다. 나는 죽었습니다. 죽어 완전히 감추어진 사람에게 그 무엇이 관여할 수 있겠습니까? 이 구절은 내가 "그리스도와 함께 하나님 안에" 감추어져 있다고 말합니다. 아무것도 내게 가까이 이를 수 없습니다.

죽었다는 것에 대한 비밀이 4절에 나와 있습니다. 나는 그 구절을 서둘러 읽었습니다. 나의 죽은 사람은 나의 생명이신 그리스도의 사람으로 바뀌었습니다. 나는 소리치고 싶었습니다! 이 바뀌어진 생명! 나의 죽은 몸이 주님의 생명으로 거듭났다니!

그 구절은 그리스도께서 우리 삶의 한 부분이라고 말하고 있지 않습니다. 단순한 친구, 도와주는 분, 함께 있는 분 정도가 아닙니다. 주님은 우리의 생명이십니다! 나는 이 진리를 경험을 통해서 실제적으로 알고 있었던가? 나는 이 특별한 진리에 관하여 더 많이 배워야 할 필요가 있음을 시인하지 않을 수 없었습니다. 그때와 마찬가지로 지금도 여전히 그러합니다.

그 열쇠가 되는 말씀이 2절에 나옵니다. 즉, 나의 마음을 고정시켜 눈과 감정과 생각을 목표 되신 주님께 돌리는 것입니다. 히브리서 12:2-3이 이 것을 잘 설명해 줍니다. 우리는 "믿음의 주요 또 온전케 하시는 이인 예수님, 그 앞에 있는 즐거움을 위하여 십자가를 참으사 부끄러움을 개의치 아니하시더니 하나님 보좌 우편에 앉으신 **주님을 바라보아야** 합니다. 우리가 피곤하여 낙심치 않기 위하여, 죄인들의 이같이 자기에게 거역한 일을 참으신 주님을 **생각해야** 합니다."

우리는 이 목표에 눈을 고정시켜야 합니다. 요전날 남편과 나는 저녁 시간에 "그녀가 해냈던 마라톤"이라는 TV 드라마를 보았습니다. 달리기를 하겠다고 마음먹고 매일 연습하다가 마침내는 26마일을 달리는 보스턴 대회에까지 출전한 40세의 여교사에 관한 이야기였습니다. 그녀의 목표는 이 마라톤에서 완주하는 것이었습니다. 그녀는 견디기 힘든 조롱과 비난과 모욕을 당했지만 그 목표에서 조금도 눈을 돌리지 않았습니다. 대회 당일에 이르러 그녀는 결정적인 어려움에 부딪히게 되었습니다. 달리는 도중, 발에 큰 물집이 생겼습니다. 게다가 자전거에 부딪혀서 상처까지 입었습니다. 마침내 결승점을 몇 마일 앞에 두고, 그녀는 극도로 기진맥진해졌습니다. 그러나 그녀는 계속 뛰었습니다. 다른 선수들은 이미 완주했거나 도중 탈락하여, 마라톤 경기가 다 끝나 버린 밤늦게야, 그녀는 결승점을 몇 미터 앞두고 얼굴을 땅에 대고 쓰러졌습니다. 그녀는 땅에서 얼굴도 들 수 없을 정도로 지쳤습니다. 그러나 그녀의 친구들이 결승선에 엉성하게나마 테이프를 쳐놓고 그녀를 응원하기 시작하자, 그녀는 가까스로 머리를 들어 그 테이프를 쳐다봤습니다. 테이프를 알아본 순간 그녀는 골인 지점이 바로 눈앞에 있음을 깨닫고 마음속 깊은 곳에서 우러나오는 용기와 혼신의 힘을 다하여 피가 흐르는 상처투성이의 발을 옮겨 마지막 몇 미터를 달렸습니다.

그녀는 목표 지점에서 눈을 떼지 않았고, 완주한다는 기쁨으로 고통을 견디어 냈습니다. 우리도 그리스도께서 이 땅에서 보여 주신 모본대로 행해야 합니다. 예수님은 행하는 것 자체가 아니라 목표를 바라보셨습니다. 과정이 아니라 상급을 바라보셨습니다. 시련이 아니라 보화를, 여정이 아니라 그 기쁨을 바라보셨습니다. 우리도 그와 같이 해야 합니다.

예수님을 생각하십시오.

삶의 모든 문제에 대한 해답이 바로 이 말에 있습니다. 골로새서 3:1-2에 나오는 두 개의 동사는, 우리가 실망, 두려움, 좌절 가운데 있을 때 벗어날 수 있는 길을 제시해 줍니다. 우리는 계속 위엣 것들—그리스도 자신—을 **찾아야** 하며, 우리 마음을 그분께 **두어야** 합니다.

나는 내 마음—의지라고 해도 좋겠지요—가운데 있는 싸움에서 이기기도 하고 지기도 합니다. 나는 실망하거나, 포기하기도 하고, 억지로 다른 일을 생각함으로써 그 일을 잊어버리고자 합니다. 용기를 "인내에 이르게 하는 훈련된 정신"이라고 하는데, 나는 단지 인내하는 편을 택하지 않습니다. 그러나 나는 "인내하지 못하는 것"을 원치는 않습니다. 싸움이란 이런 것입니다. 오직 하나님의 능력과 은혜만이 내게 승리를 가져다줄 수 있습니다.

해결의 열쇠가 되는 질문은 다음과 같습니다. 진실로 내가 내 마음을 확정하고, 예수님을 계속적으로 찾고 생각할 수 있는 실제적인 방법은 무엇일까? 낙심하는 것보다는 인내하는 편을 택할 수 있는 방법은 무엇인가? 결심하는 순간에 내가 올바른 선택을 했다고 확증할 수 있는 방법은 무엇인가?

그래서 나는 그 답을 찾기 시작했습니다. 그러나 이번에는 그 답을 찾기까지엔 그렇게 많은 시간이 걸리질 않았습니다. 골로새서 3장은 해야 할 일 뿐만 아니라, 그 방법까지도 보여 주고 있었기 때문입니다. 하나님께서 항상 말씀해 주시는 것을 내가 때때로 보지 못하는 수가 많이 있습니다.

그 해답은 "그리스도의 말씀이 너희 속에 풍성히 거하여"(골로새서 3: 16)라는 말씀 속에 나와 있습니다. 나는 벌써부터 그 사실을 알고 있어야 했습니다! 매일 말씀 안에 거하고, 말씀이 내 안에 거하도록 하는 것이 바로 그 해결책입니다. 매일 매일 분투하지 않고는 승리할 수가 없습니다. 효과적으로 시간을 활용할 줄 아는 훈련을 통해서 내가 주님과 함께할 수 있는 시간을 확보해 나갈 때, 하나님께서 내 마음에 승리를 주시고 내 마음을 계속적으로 그분께 고정시킬 수 있는 능력을 주실 것입니다. 나는 그 마라톤 주자처럼 자주 넘어지게 될 것입니다. 어쩌면 이것은 내가 피할 수 없는 경주의 한 부분일지도 모릅니다. 그러나 나의 시선을 계속적으로 목표, 곧 그리스도께서 내게 이루어 가실 형상과 나를 위해 영원히 마련해 두신 것에 고정하는 것이야말로 내 일생에 원하는 바입니다.

이제 우리가 **해야 할 일**—우리 마음을 주님께 두는 것—과 우리가 그것을 이루는 **방법**—말씀이 우리 안에 풍성히 거하도록 하는 것—사이에 주위 사람들과의 관계에서 우리가 어떠한 사람이 **되어야** 마땅한지의 문제가 놓여 있습니다. 우리는 긍휼히 여기고, 친절하며, 겸손하고, 온유하며, 오래 참고, 용서하며, 또한 사랑 안에서 행하며, 평강이 우리 마음을 주장하게 해야 합니다(골로새서 3:12-15 참조). 우리는 또한 항상 감사하는 마음을 가져야 합니다.

바꿔 말하면, 신분상으로 우리는 죽었고(골로새서 3:3), 그리스도와 함께 하나님 안에 감추었고, 그리스도와 함께 다시 살아났습니다. 이것에 대한 완전한 진리는 우리가 그리스도와 함께 영광 중에 나타날 때 명백해질 것입니다(4절).

사실 우리는 **실생활**에 있어서도 변화된 우리의 **신분대로** 살아가는 법을 배우고 있는 중입니다. (이것을 어떻게 한 문장으로 표현할 수가 있을까요?) 우리가 그리스도 안에서 새사람이 되었을 때, 진정 우리는 음란, 우상숭배, 기타 5절에 언급되어 있는 것들에 대하여는 죽은 것입니다. 우리들 대부분은 이러한 문제들로 인하여 그렇게 자주 어려움을 겪지는 않습니다. 그러나 우리는 계속적으로 우리의 의지를 동원해서 분(憤), 악의, 훼방, 부끄러운 말 등(8절)을 벗어 버려야 합니다. 이것이 우리가 새사람을 입어, 그리스도를 아는 참된 지식에서 새로워지는 과정입니다(골로새서 3:9-10, 에베소서 4:23-24 참조).

나는 사람들이 부당한 취급을 받는 것을 보면 기분이 매우 언짢아집니다. 여자들이라고 무시될 때, 흑인들이 억압당할 때, 또는 가난한 사람들이 부당한 대우를 받을 때면, 피가 끓어올라 당장에라도 뛰어들어 싸우고 싶은 충동을 느낍니다. 우리는 그리스도인으로서 하나님이 우리를 보시는 것같이, 다른 사람들을 차별 없이 볼 수 있는 기질 면에서도 성장해 나가야 합니다(골로새서 3:11). 그러나 이것만으로는 충분하지 않습니다. 내가 편견이나 차별 없이 사람들을 바라볼 수 있기 위해서 알아야 할 중요한 진리는 오직 그리스도는 만유(萬有)시요 만유 안에 계신다는 사실입니다. 오직 그리스도만이 모든 것이시요, 모든 것 안에 계십니다. 어떤 사람들은 평등을 위한 투쟁에 사로잡힌 나머지, 우리의 눈을 싸움이 아니라 우리 대장 되신 주님께 고정시켜야 된다는 사실을 잊어버리곤 합니다. 그리스도께서 우리를 위해 싸우실 것이며, 아니면 우리를 인도하여 우리로 검을 잡게 하실 것입니다. 싸움 자체가 우리의 주된 관심이 되어서는 안 됩니다. 주님께 대한 순종이 우리의 관심사가 되어야 합니다. 우리가 주님께 순종하고 긍휼을 비롯한 골로새서 3:12-14에 언급된 성품들을 가지게 된다면, 사람들 간에 차별을 두지 않는 것도 저절로 이루어질 것입니다.

지혜 있는 여자는 자기의 하는 일로써가 아니라 자기의 인격으로 다른 사람들의 삶을 세워 줍니다. 무엇보다도 우선 사람들의 삶을 세워 가시는 분은 하나님이십니다. 그 다음에, 주님으로 말미암아 넘쳐흐르는 삶을 통해서 그녀는 없어지지 아니하고 항상 있는 열매—다른 사람들의 삶을 세움—를 맺을 수가 있습니다(요한복음 15:16). 그가 어떤 사람이냐에 따라 어떤 일을 할 수 있느냐가 결정되는 것입니다.

나는 사역 지향적인 사람입니다. 나는 밖에 나가서 "사역"에 참여하기를 좋아합니다. 그러나 나의 생애 가운데 주님께서는 나를 성경공부, 증거, 설교, 사람들을 제자로서의 삶을 살도록 지도하는 일 등의 "사역"에 참여하는 것으로부터 철저히 단절시켜 놓으신 때가 여러 번 있었습니다. 그 까닭은 그분이 나를 창조하신 목적이 그분을 알고 그분과 함께 교제하는 것임을 내 마음속에 깊이 새겨 놓으시기 위한 것이었습니다. 그분은 나의 "사역" 없이도 아주 잘 지내실 수 있습니다. 그렇지만 나와의 교제를 갈망하신다는 것은 얼마나 놀라운 일입니까! 하나님께서 내게 원하시는 것은 무엇보다도 내가 주님과 함께하며 주님을 닮아 가고, 성령께서 나의 삶을 주관하시도록 나를 온전히 내맡기는 것입니다. 이렇게 할 때, 주님께서는 나를 이끌어 자기가 원하시는 사역을 담당케 하시고, 주위 사람들의 삶을 세워 주는 특권을 부여하실 것입니다. 주님을 알지 못하고서 다른 사람을 도울 수는 결코 없습니다.

> 하나님 아버지, 아버지께서는 주위 사람들,
> 곧 친구들, 이웃 사람들, 그 외 여러 사람들을
> 도와 세워 주고자 하는 저의 열망을 잘 아십니다.
> 세워 주는 일이란 저를 통하여 주님의 생명이
> 넘쳐흐르는 것이어야 함을 보여 주시니 감사합니다.
> 주님, 제가 성령의 확실한 통로가 되고
> 주님의 음성에 신속히 순종할 수 있도록 도와주십시오.
> 감사합니다.

20. 범사에 감사하는 생활

그 애는 천사와 같은 얼굴을 가진 여자 애였습니다. 그 애는 조금 전에 기분이 언짢았던 모양입니다. 우리가 이야기를 나누고 있는 동안, 그 애는 아무도 자기에게 관심을 두고 있지 않는 틈을 타서, 부엌에 둔 소아용 의자에 앉아, 짙은 빨간색 크레용으로 벽에다 그림을 그렸습니다.

아버지는 자기 딸이 벌여 놓은 일을 알게 되었습니다. 그는 조용히 말했습니다. "브렌다야, 아빠가 벽에는 그림 그리지 말라고 했었는데." 그는 귀여운 금발의 딸아이를 의자에서 내려서는 지하실로 데려가, 앞으로 다시는 그렇게 하지 않겠다는 다짐을 받았습니다. 그리고는 아이의 눈물이 그칠 때까지 아이를 껴안고 자기의 사랑을 거듭 확인시켜 주었습니다.

하늘에 계신 우리 아버지의 교훈도 우리 마음을 상하게 할 때가 있습니다. 그러나 그 모든 것들은 공정하고 사랑에 찬 가르침들입니다.

우리는 하나님의 가르침 없이 지혜를 얻을 수 없습니다. 우리가 귀를 기울이기만 하면, 그분은 선생으로서 신실하고, 친절하게, 사랑으로 우리를 가르쳐 주십니다. 그러나 우리가 듣지 않더라도, 그분은 여전히 신실하시며, 더욱 열심을 내실 것입니다. 나는 가끔 "쉽게 배우게 되도록" 기도합니다. 이런 기도는 어려운 연단을 좋아하지 않기 때문에 하는 이기적인 기도입니다.

하나님께서는 결코 가르치시는 일을 중단하시지 않습니다. 내가 발견한 한 가지 사실은, 만일 그분이 매주 자기 자신과 내 자신에 대해 새로운 것을 보여 주시지 않는다면, 그것은 그분이 가르치시는 일을 그만두셨기 때문이 아니라, 내가 듣는 일을 그만두었기 때문이라는 것입니다.

이 책을 써 내려오는 동안, 하나님께서는 다른 사람들을 세워 주며 지혜롭게 되는 데 필요한 한 가지 중요한 태도에 관하여 나에게 새로운 몇 가지 사실을 보여 주셨습니다.

당신은, 주님께서 어떤 한 가지 사실을 당신에게 이해시키기 원하실 때 여러 가지 방법으로 가르쳐 주시는 것 같다고 생각해 본 적은 없습니까? 성경의 특정한 구절들이 그 점에 대해 강하게 주장하고 있고, 사람들도 그 점을 지적해 주며, 하나님의 책망과 바르게 함과 교훈 중에서도 그것을 찾아볼 수 있습니다. 그리고는 마치 하나님께서, "이제는 잊지 말아라!" 하고 말씀하시기나 하듯이, 그 점이 다른 말씀 속에도 "챙겨 넣어져" 있습니다.

내가 지금 말하고 있는, 감사하는 태도는 바로 데살로니가전서 5:18에 언급되어 있습니다—"범사에 감사하라. 이는 그리스도 예수 안에서 너희를 향하신 하나님의 뜻이니라." 그것은 또한 빌립보서 4:6과 같은 다른 위대한 진리들 가운데도 기록되어 있습니다—"아무것도 염려하지 말고, 오직 모든 일에 기도와 간구로 너의 구할 것을 감사함으로 하나님께 아뢰라." 우리가 하나님께 감사드리는 삶을 사는 것이야말로 너무나 중요한 일입니다. 우리를 향하신 하나님의 관심과 주의는 결코 끊임이 없기 때문입니다.

어떤 사람들은 잠자리에서 일어나자마자, "주님, 안녕하세요?" 하고 말합니다. 어떤 사람들은 찰리 슐츠의 "좋은 날"이라는 만화에 등장하는 사랑스런 루시나 라이너스 같기도 합니다. 하나님께서는 우리를 위해 "심술

부리기에 좋은 날"보다도 훨씬 더 나은 것들을 가지고 계십니다. 그분은 우리가 마음속으로, "이 날은 주님 만드신 날이니 우리 모두 기뻐하고 즐거워하세" 하고 외치기를 원하십니다.

하나님께서는 우리가 어떤 "시야"를 갖고 삶을 바라보고 있느냐에 커다란 관심을 갖고 계십니다. 그분은 우리가 바로 우리 자신의 유익을 위해 감사하는 마음을 가지길 원하십니다. 그분의 권면을 따라 감사하는 삶을 사느냐 그렇지 못하느냐에 따라 우리의 삶은 신이 나든지 아니면 무미건조하고 따분해지게 됩니다. 우리의 삶은 예수 그리스도를 선명하게 반사해 주는 거울과도 같습니다. 우리의 이 거울이 죄로 얼룩지고, 불평으로 흐릿해지며 실망으로 더럽혀지게 되면, 우리는 예수 그리스도를 반사해 주지 못할 뿐 아니라, 우리 자신의 영혼도 결코 아름답게 자라 갈 수가 없습니다. 이런 사람들에겐 삶이 보배라기보다는 시련이요, 모험이라기보다는 역경이 되는 것입니다. 우리는 위에서부터 삶을 내려다보아야 합니다. 왜냐하면 우리는 그리스도와 함께 앉힌 바 된 "하늘"에 속해 있기 때문입니다(에베소서 2:6).

그렇다면 어떻게 하는 것이 긍정적이며 감사하는 태도일까요? 토머스 에디슨의 실험실에서 일어났던 큰 화재에 대한 이야기가 전해지고 있습니다. 에디슨과 그의 아들은 불난 곳으로 달려가서 일생의 업적이 불꽃 속에 사라져 가는 것을 지켜보았습니다. 그는 아들을 향해서, "애야, 엄마

더러 빨리 오시라고 해라. 이 같은 불은 네 엄마도 처음일 거다!"라고 말했습니다. 다음날 아침 에디슨은 그의 아들과 함께 연기가 모락모락 나는 잿더미를 돌아보면서 말했습니다.

"자, 생각해 보아라. 우리의 모든 실수는 불에 타버리고, 이제 모든 걸 다시 새롭게 시작할 기회가 왔구나." 바로 이것이 긍정적인 태도라고 생각됩니다.

대부분의 위대한 교훈들, 즉 하나님께 크게 사용되는 교훈들은 절망적인 삶의 사건들 가운데서 터득됩니다. 나의 첫 번째 책인 "한 여인이 걸어온 제자의 길"이 출간되자, 여러 사람이 나에게 와서 이렇게 말하는 것이었습니다. "난 당신이 이처럼 힘든 삶을 살아왔는지 미처 몰랐습니다." 처음에 이 말을 들었을 때는, 나는 무척이나 놀랐습니다. 대체적으로 하나님께서는 나에게 모든 면에서 정말 경탄할 만한 삶을 살도록 해주셨다고 나는 스스로 생각해 왔기 때문이었습니다. 그런데 그제야 나는 그 책의 거의 모든 장이 시련으로 시작되고 있음을 깨달았습니다. 개괄해 보면, 나의 삶은 대부분 갖은 문제와 곤란한 상황투성이로 엮어져 있는 것처럼 보입니다. 그런 어려운 때는 내가 가장 깊이 있게 배울 수 있는 기회가 되었던 까닭에 나는 별다른 생각 없이 나도 모르게 그러한 어려움들을 내 글의 소재로 쓰게 되었던 것입니다.

바울이 권위 있는, 기쁨과 격려의 글을 쓸 수 있었던 것은 바로 그가 감옥에 갇혀 있어야 했던 수년 동안의 어려움과 고문을 받고 매를 맞으며 고통을 경험했던 때가 있었기 때문입니다. 그것을 다음과 같이 서술한 그리스도인이 있습니다.

> 어려운 환경은 가르침을 베풀어 주는 교훈의 장이다. 나는 달갑지 않은 어려움이나 상황에 처할 때야말로 하나님께서 우리에게 다른 사

람과 나눌 수 있는 메시지를 주고 계시는 때임을 깨닫기 시작했다. 많은 경우 우리는 다른 사람을 돕고자 한다. 우리는 사역을 훌륭하게 감당하길 원한다. 그러나 사역을 훌륭하게 감당해 내기 전에, 우리는 메시지가 있어야 한다. 이 메시지를 어떻게 개발할 수 있을까? 그것은 온갖 다양한 상황 가운데서 하나님 실재를 경험함으로써 가능하다. 그러므로 우리가 원하지도 않았는데, 달갑지 않은 고난의 시기가 닥쳐올지라도 우리는 하나님께 감사할 수가 있다. 왜냐하면 하나님께서는 고난을 사용하실 것이기 때문이다.

하나님께서는, 인간적인 입장에서 볼 때 비극적이고 혼돈되고 실망을 안겨 주는 환경들을 취하셔서, 그것들을 의미 깊고 건설적이고 우리를 세워 주는 환경들로 만드신다. 하나님께서는 그 환경들을 사용하여 우리로 그리스도의 형상을 닮게 하시고 우리로 하여금 우리가 되고자 갈망하는 사람이 되게 하실 것이다.

우리가 하나님의 뜻을 거스르고, 쓴 뿌리를 내고, 실망에 빠지고, 분노를 버리지 못한 상태에 머물러 있는 한, 하나님은 우리의 삶 속에서 역사하실 수 없다. 그러나 하나님께 굴복하고 오히려 감사한다면, 우리는 하나님께서 우리에게 가르쳐 주기 원하시는 교훈들을 배울 수 있다. 이것이야말로 그리스도의 장성한 분량이 충만한 데까지 이르기 위해 내딛는 하나의 거대한 발걸음인 것이다.[2]

부정적이고, 쓴 뿌리를 내는 태도로 말미암아 하나님의 교훈을 배우지 못한다고 하는 것은 얼마나 큰 비극입니까?

본영(本營)을 향하여 터벅터벅 발걸음을 옮기고 있는 사람들이 있었습니다. 그들은 정확하게 열두 명이었고 모두 햇볕과 광야의 바람으로 검게 그을린 강인한 얼굴빛을 띠고 있었습니다. 그 가운데 열 명은 어깨를 축 늘어뜨리고 풀이 다 죽은 발걸음을 내딛고 있었습니다. 이와는 대조적으로 다른 두 사람은 머리를 곧게 들고 먼지투성이 길을 매우 활기차게 걸어가고 있었습니다.

그들이 본영에 당도하자, 수많은 사람들이 그들에게 몰려들었습니다. 그들은 백성들 앞에서 그들 앞에 놓여 있는 땅을 정탐하고 온 결과를 보고했습니다. 실의에 잠겨 있던 열 사람은, "저편 땅은 아름답기는 해도 우리가 차지하기는 불가능합니다. 거민들은 장대한 사람들이고 성들도 방어가 잘 되어 있습니다. 아예 그곳은 잊어버리는 게 더 나을 것 같습니다"라고 보고했습니다.

그러나 다른 두 사람, 곧 갈렙과 여호수아는, "그 땅은 심히 아름다운 땅입니다. 여호와께서는 우리를 사랑하십니다. 그분은 우리를 그 땅으로 인도하여 들이시고, 그 땅을 우리에게 주실 것입니다"(민수기 14:7-8 참조)라고 보고했습니다.

이런 말이 있습니다. "사람은 그가 무엇으로 만들어졌느냐에 따라, 살아가면서 닳아 버리든지, 아니면 다듬어져 윤이 나게 된다." 나는 단단한 자재로 만들어진 것 같지는 않습니다. 내 안에 있는 "나"는 투덜대고, 불평하고, 수군거리기 쉽습니다. 나는 곧잘 의심에 빠지고, 두려워하고, 실수합니다. 그러나 내 안에 계신 하나님은 그렇지 아니합니다. 그분은 내가 삶을 정면으로, 기쁨 가운데 맞이하도록 도우실 것입니다. 그러므로 나는 확신 있게 외칠 수 있습니다. "이 땅은 심히 아름다운 땅이다. 주님께서 우리를 사랑하신다!"

21. 건축가와 기초

 나는 그것들이 바로 "우리의 산" 즉 하나님과 나의 것이라는 생각을 하게 되었습니다. 하나님께서는 산들을 지으셨으며, 나는 그것들을 즐깁니다. "우리의 산"은 하나님께서 내게 허락하신 훌륭한 시각교재가 되어 왔습니다.

어느 날 아침 나는 주님과 대화를 나누면서 산들의 장관을 구경하고 있었습니다. 산들은 정말 튼튼하고 견고해서 "영원히" 있을 것 같구나 하는 생각이 들었습니다. 그 순간, 나는 저 산들보다 더 견고하고 튼튼해서 그것들보다 더 오래 존재한다는 사실을 하나님께서 일깨워 주셨습니다. 언젠가 저 산들은 녹아서 바다에 던져질 것입니다. 이러한 관념은 인간의 상상을 초월하는 것입니다. 매일 콜로라도의 로키산맥 전방을 쳐다볼 때면 샤이엔 산이 눈에 들어옵니다. 산 아래엔 북미방공지휘부가 자리 잡고 있는 수마일에 걸친 터널이 있습니다. 그리 유쾌하지는 못한 생각이지만 만일 핵전쟁이 발발한다면, 오늘날 무기의 파괴력으로 보아 저 모든 산들은 단 한 차례의 폭격에 거대한 굉음과 함께 흔적도 없이 사라져 버리게 될 것입니다.

그러나 다음과 같은 생각에 내 마음은 다시 밝아졌습니다. 문제 될 것이 없어. 하나님께서 예수 그리스도에 대한 내 믿음을 보시고 내게 영생을 주시지 않았는가? 저 산들이 제아무리 오래까지 존재하게 된다 하더라도 나

보다야 더 오래까지 있을 수가 없지. 나는 영원히 살 테니까! 내 마음은 "할렐루야!"를 외쳤습니다.

　며칠이 지난 후, 아래층 현관으로 발을 옮기다가 나는 마음속으로 경탄을 금할 수 없었습니다. 적막이 가득 찬 저녁이었습니다. 하늘은 융단을 깔아 놓은 듯 포근했으며 몇 개의 초롱초롱한 별빛이 어두움을 가르고 있었습니다. 약간 기운 보름달이 구름 사이를 지나가면서 반투명한 분홍빛으로 살포시 구름을 감싸고 있었습니다.

　"주님, 주님께선 정말 창조적이신 분입니다. 창조의 일을 그치지 않으시는군요." 다시 내다보니, 갈수록 많은 별들이 반짝거리기 시작하더니, 그 수를 헤아릴 수조차 없게 되었습니다. 나는 밝게 웃었습니다. (주님, 주님도 함께 웃으시겠지요?) 나는 하늘나라에서는 시간을 어떻게 보내게 될까 의아하게 생각할 때가 있었습니다. 영원이란 내게 끝이 없게 여겨졌고 다소 단조롭게도 보였습니다. 그러나 나는 이제야 비로소 하나님이 창조하신 별을 탐구하는 데만 해도 수십억 년이 걸릴 것이라는 점을 문득 깨닫게 되었습니다. 조그만 눈송이도 다 서로 다르게 만드시는 하나님께서 별들마다 다 서로 다르게 창조하셨기 때문입니다.

　우리는 바로 이런 하나님을 모시고 있습니다!

　　하늘은
　　하나님의 영광을 선포하고,
　　온 세상엔
　　그의 경이가 드러나 있네.
　　땅과 하늘엔
　　그의 아름다움이 드리우고,

그 만드신 만물엔
그의 놀라운 광채가 빛나네.
위엄과 능력이 지극히 크신
우리 하나님.
명하신 말씀으로
만물을 붙드시고,
무궁한 사랑으로
날 사랑하시며,
그의 장중에
날 붙들어 주시네.¹

어느 날 나는 우리 도시 위로 높이 솟아 있는 파익스 봉을 향해 차를 몰고 있었습니다. 구름이 산 위에 걸쳐 놓은 아름다운 모양의 명암이 눈길을 끌었습니다. 나는 그 장관을 보며 자연은 **영원토록 변화무상하며 영원토록 아름답다**고 생각했습니다.

"실제로 산은 그림자 때문에 더욱 아름다워지는군요." 나는 차를 몰면서 속삭이듯 주님께 말했습니다. 주님께서 조용히 내 마음속에 대꾸해 주셨습니다. "하나님의 자녀인 네 삶에서도 마찬가지란다."

옳습니다! 그림자, 곧 나의 삶에서 어려운 때야말로 나의 삶을 더욱 아름답게, 하나님의 형상을 더욱 닮아 가게, 하나님으로 말미암아 더욱 온전해질 수 있게 해줍니다. 이 그림자들은 나뿐만 아니라 나를 지켜보고 있는 다른 사람들까지도 하나님께 더욱 사랑받는 삶을 살 수 있게 해줍니다.

"주님, 제게 주신 빛을, 그리고 또한 제게 주신 그림자를 인하여 감사드립니다." 나는 혼자 중얼거렸습니다. 이러한 하나님이 나의 하나님이시라니!

하나님과 동행하며, 그분이 우리 삶을 세워 가시도록 의뢰한다는 것은 신나는 일입니다. 그분은 나의 삶 전체를 설계하시길 원하십니다. 나는 이 사실을 점점 더 분명하게 알아 가고 있습니다.

집을 지으려면 설계자가 꼭 필요합니다. 그는 나에게 전체 설계도뿐 아니라, 극히 자세한 세부 설계도까지 제시해 줍니다. 건축이 시작되고 난 후에 내가 만일 갑작스레 방 하나를 아래층에 더 두기로 하고, 또 얼마 후에는 벽의 위치를 바꾸고, 욕실을 허드레 방으로 바꾸고, 어디론가 현관 두 개를 더 내겠다고 한다면, 집은 어떻게 되겠습니까? 건축이 끝나고 완성된 집은 틀림없이 이상하게 생긴 괴물딱지 같을 것입니다.

집을 짓기 위해서는 설계자뿐 아니라 건축업자가 필요합니다. 왜냐하면 나는 못 하나 제대로 변변하게 박을 줄 모르기 때문이죠. 내가 새로 집을 짓고자 한다면 나에게는 모든 건축 방법을 일일이 설명해 줄 수 있는 인내심 많은 건축업자와 벽을 잘못 설치했을 경우엔 그 실수를 교정해 줄 수 있는 사람이 반드시 필요합니다.

아마 사람으로서 이와 같은 건축가는 없을 것입니다. 그러나 우리 주 예수님은 바로 이와 같은 건축가가 되시기에 조금도 부족함이 없습니다. 그는 우리의 집을(우리 손을 사용하셔서) 지으실 뿐 아니라, 또한 인내로써 우리의 실수를 고쳐 주십니다. 우리가 주님의 방법이 아닌 우리의 방법대로 벌여 놓은 실수를 후회할 때조차도 그분은 그 엄청난 실수를 설계도 속에 감안해 넣으셔서 여전히 아름답도록 바꾸어 놓으십니다. 주님은 우리가 실수한 것을 가지고 불멸의 기념물을 만드실 수 있습니다. 하나님께서 우리를 온전히 지배하실 수 있도록 내어 맡기기만 한다면, 우리의 건축가 예수 그리스도께서는 우리를 실로 사랑스러운 집으로 세우실 것입니다.

그러나 기초 없이 집이 세워질 수는 없습니다. 우리는 우리를 둘러싸고 있는 세력들의 맹렬한 공격에 대항할 수 있는 매우 견고한 기초를 필요로 합니다. 예수 그리스도는 우리의 설계자요 건축업자로서뿐 아니라, 우리의 기초로서도 우리에게 꼭 필요한 분입니다. 그분은 기초를 놓으실 뿐 아니라, 기초 자체가 되십니다. "이 닦아 둔 것 외에 능히 다른 터를 닦아 둘 자가 없으니, 이 터는 곧 예수 그리스도라"(고린도전서 3:11).

따라서 주님 없는 삶은 그지없이 위태롭고 무가치할 수밖에 없습니다. 한 교외 통근자가 옆 좌석 친구에게 하는 말을 귓결에 들은 적이 있습니다. "난 기상 시간을 알리는 괘종시계가 있어. 그렇지만 언젠가는 그 이유를 알려 줄 시계가 필요할 거야."

우리가 삶의 "이유"를 알 수 있기 위해서는, 확실한 기초가 있어야 합니다. 모래 위에 우리의 삶을 세울 수는 없습니다. 반석 위에 세워야 합니다. 우리가 그리스도를 구주요 주님으로 모셔 들일 때, 그분은 우리의 삶 가운데 우리의 영원한 기초가 되어 주십니다.

내가 어렸을 때 아주 좋아했던 이야기가 하나 있습니다. 애타는 노력 끝에 조그마한 보트를 깎아 만든 한 소년에 대한 이야기였습니다. 그는 그 보트의 표면을 사포로 갈고 난 후 거기에 파란색 페인트를 칠했습니다. 그리고 난 후 그것을 긴 노끈에 매어 가지고, 물 위에서 잘 나아가나 알아보려고 가까이 있는 냇가로 갔습니다. 마치 항진하는 요트처럼 물 위를 이리저리 떠다니는 보트를 바라보는 소년의 눈에는 기쁨이 가득 찼습니다. 그런데 바로 그때 돌풍과 거센 물결이 보트를 덮치는 바람에 노끈이 손에서 끊겨 나갔습니다. 소년은 풀이 죽어 자기가 좋아하던 보트가 손이 닿지 않는 냇가 구부러진 기슭 주위를 맴도는 것을 지켜보며 어쩔 줄 몰라했습니다. 그러다가 보트는 그만 아득히 사라져 버렸습니다.

일주일 뒤, 어떤 상점 옆을 지나가다가 그는 우연히 진열장 안에 바로 자기의 파란색 보트가 놓여 있는 것을 보았습니다. 그는 기쁨에 벅차서 안으로 뛰어 들어갔습니다. "아저씨, 저 보트는… 제 것이에요. 제가 그걸 만들었어요!"

점원이 말했습니다. "얘, 미안하지만, 나는 돈을 주고 저것을 샀단다. 네가 저걸 꼭 갖고 싶거든, 1달러를 내야 돼."

소년은 곧장 집으로 달려가 돼지 저금통을 몽땅 다 털어 보았습니다. 그래도 돈이 충분치 못해서, 그는 이웃집 문을 두드리고 들어가서, 일거리를 구해 돈을 더 마련했습니다. 드디어 1달러를 마련하게 되자 곧장 상점으로 달려가서 보트를 샀습니다. 그는 그 보트를 사랑스러운 듯 가슴에 안고 상점을 떠났습니다. "넌 두 번 내 것이 되었어. 처음엔 널 만들었고, 이젠 널 샀으니 말이야."

맞습니다.

우리도 두 차례 하나님의 것이 되었습니다. 먼저는 그가 우리를 만드셨습니다. 그런데 죄와 자아의 파도가 우리를 덮쳐 버린 나머지 우리는 그에게서 잃어버린 바 되었습니다. 다음에 그는 우리를 사셨습니다. 자신의 피로써 우리 영혼의 원수에게서 우리를 구속하신 것입니다.

예수님은 우리를 하나님께 다시 사 드림으로 그분과 사귐이 있게 하기 위해서 죽으셨습니다.

그러나 그 작은 보트의 경우와는 달리 우리에게는, 하나님께 "다시 산 바"되기를 원하느냐 원하지 않느냐는 점에서 선택의 여지가 마련되어 있습니다. 값은 이미 지불되었습니다. 그러나 우리가 사들여지는 것을 거부할 수도 있습니다. 우리가 그분의 초청에 "예"라고 대답하기만 하면, 그분은 우리 삶의 기초요, 구원의 창조자요, 영원의 건축자가 되실 것입니다. 만일 우리가 그분을 모시기로 하지 않는다면, 우리는 아무것도 소유하질 못합니다. 그러나 그분을 영접한다면, 우리는 모든 것을 소유하게 됩니다. 그분은 우리에게 선택권을 부여해 주셨습니다.

22. 모든 것을 덮어 주는 사랑의 지붕

 린이 세 살 때의 일입니다. 어느 날 린은 머리를 두 갈래로 예쁘게 땋아 내려 깜찍하게 생긴 동그란 얼굴에 무슨 걱정거리가 있는지 걱정스러운 모습에 힘없는 발걸음으로 집에 들어왔습니다. 내 앞에서 머뭇거리며 어쩔 줄 몰라 쩔쩔매는 그 애의 속눈썹에는 작은 눈물방울이 맺혀 있었습니다. 딸아이는 흐느끼면서 입을 열었습니다. "엄마, 나 또 침 뱉었어!"

자백하는 것이야 좋은 일이지만, 그 애의 이번 자백은 나를 곤란스럽게 만들었습니다. 린에게는 좋지 못한 습관이 있었습니다. 제 마음에 들지 않는 일이 생기면, 기분을 상하게 한 사람에게 함부로 침을 뱉는 것이었습니다. 그러지 말라고 여러 번 이야기했으나 소용이 없었습니다. 마침내는 거의 자포자기한 상태에서, 또 침을 뱉으면 입을 비누로 씻어 주겠다는 일종의 최후통첩을 주었습니다. 내가 어렸을 땐 그 방법이 효과가 있었다는 점 이외에는 그렇게 하겠다고 말한 무슨 뚜렷한 이유는 없었습니다.

'어떻게 해야지?' 나는 곰곰 생각해 보았습니다. 린은 나를 꼭 붙잡고 거듭해서 잘못했다고 빌었습니다. 그 애의 태도로 보아 진정으로 용서를 구하고 있다는 것을 알 수가 있었습니다. 그렇다고, "얘야, 괜찮아. 용서해 주마"고 말하고는 징계를 하지 말 것인가? 이렇게 하면 오히려 그 애는 앞으로 더 자주 침을 뱉게 되고 그 결과 더 많은 눈물과 용서가 뒤따라야 되는 것은 아닌가? 그래서 그 애는 자기가 사과만 하면 아무런 벌도 받지 않고 문제를 해결할 수 있다고 생각하게 되지는 않을까? 아니면 처음에 말한 대로 불순종에 대한 응분의 벌을 주어야 될 것인가? 그렇다면 그 애가 다시 잘못을 저지르게 될 경우, 벌이 무서워 마음을 닫고 부정직하게 되면 어떡하나? 용서가 아닌 벌로써 정직을 보상해 주는 결과밖에 보여 주는 게 없지 않을까? 아무리 골똘히 생각해 보아도 묘안은 떠오르지 않았습니다.

나는 매우 사랑스럽게 말했습니다. "애야, 엄마한테 말해 주니 고맙구나. 난 널 사랑하니 널 용서해 주겠다. 그렇지만 다시는 침을 뱉지 않도록 네가 기억할 수 있도록 하기 위해 네 입을 비누로 씻어야 하겠다." 그 애는 앙앙 울면서 벌을 받았습니다.

그런데 몇 년이 지난 뒤, 사실은 한 친구가 길 건너에서 욕을 하기에 자기는 길에다 침을 뱉었었다고 린은 나에게 말해 주었습니다.

그 일을 생각하면 아직도 두렵습니다.

나중에 이 일을 곰곰이 생각하다가 하나님으로부터 귀한 교훈을 얻었습니다. 당신이 죄를 범하고서 진실로 회개할 경우, 때로는 하나님께서 아무런 징계도 내리시지 않는 이유를 생각해 본 적이 있습니까? "징계"는 사라져 없어지고 자취를 감추어 버립니다.

그러나 어떤 경우엔 당신이 범한 죄를 자백했는데도 저지른 잘못의 대가로서 치러야 할 징계가 있을 수도 있습니다.

왜 그럴까요? 왜 한편으로는 하나님께서, "애야, 난 네가 잘못을 후회함을 알고 있어. 너는 용서를 받았다. 그것은 사라져 버렸단다"라고 말씀하시면서, 또 어떤 경우에는 "너의 잘못을 네가 후회함을 알고 있어. 넌 용서를 받았다. 그렇지만 네 행위의 결과를 감수해야 돼"라고 말씀하십니까?

글쎄요, 나는 그 이유를 확실히는 모릅니다. 내 생각으로는, 우리가 진실로 잘못을 뉘우치고 있을 뿐 아니라, 그 죄가 다시는 우리에게 문제 되지 않을 것을 아실 때 우리를 징계하시지 않는 것 같습니다. 하지만 우리가 그 유혹으로 말미암아 계속 어려움을 당할 것을 아실 때에는 우리로 하여금 다시는 그 유혹에 넘어가지 않도록 기억나게 하기 위해서 우리를 징계하십니다.

린이 세 살이었을 때 내게 이 하나님의 지혜가 있었고 그 애가 다시는 침을 뱉지 않을 만큼 크게 뉘우치고 있다는 것을 알았다면 나는 확신 있게 "귀여운 아가야, 엄마는 널 사랑한단다. 널 용서해 주마. 이제 모든 걸 잊어버리렴" 하고 말해 줄 수 있었을 것입니다. 그러나 내게는 그러한 지혜가 없었기에, 그 애가 다시는 그런 짓을 하지 않도록 돕기만 원했던 것입니다.

하나님의 지혜는 참으로 놀랍습니다! 하나님께서는 자신의 예지로써 우리가 장차 올 유혹과 싸워 이기기 위해서는 어떤 영역에서 징계가 필요한지를 아십니다.

하나님께서는 여러 가지 방법으로 우리의 삶을 세워 주십니다. 말씀과 기도를 통해서도 하시고, 다른 사람들을 통한 통찰과 삶의 경험을 통해서도 하시고, 또한 징계를 통해서 하시기도 합니다. 이 모든 경우에 항상 그 위를 덮어 주는 지붕은 사랑입니다.

우리가 다른 사람들의 삶을 세워 줄 때에도, 사랑이 역시 우리의 지붕이 되어야 합니다. "무엇보다도 열심으로 서로 사랑할지니, 사랑은 허다한 죄를 덮느니라"(베드로전서 4:8). 사랑은 덮어 줍니다. 기분을 상하게 한 친구들을 덮어 줍니다. 분노와 좌절과 개인차를 덮어 줍니다. 게다가 사랑은 양쪽을 다 덮어 줍니다. 내가 다른 사람들을 진실로 사랑한다면,

나는 기꺼이 그들 삶 속에 있는 수많은 허물들을 눈감아 주게 됩니다. 그리고 내가 그들을 사랑함을 그들이 알게 되면, 그들도 마찬가지로 기꺼이 나의 수많은 과오들을 너그러이 보아 넘겨 줍니다. 사랑은 덮어 줍니다.

이제 요약해 보기로 하겠습니다. 우리의 집의 기초는 그리스도이시고, 그 지붕은 그리스도의 사랑이고, 그 벽들은 하나님의 말씀, 기도, 순종, 다른 그리스도인들과의 교제, 증거입니다. 우리가 다른 사람들의 삶 속에 집을 세워 갈 때, 우리가 바로 이 개념을 가지고 있을 때라야 그 집을 세상적인 요소들로부터 파괴당하지 않도록 지킬 수 있습니다. 하나님과 동행하는 이 원리들을 기억하는 것이 중요합니다. 만일 기초만 놓고 벽을 쌓지 않는다면, 얼마 지나지 않아 기초 위에 온통 즐비한 쓰레기들을 발견하고 그것들을 치우느라 온종일 수고하게 됩니다. 그 다음날에는 바람이 기초 위에 온통 흩어 놓은 나뭇잎들을 치우느라 애를 먹게 됩니다. 한 주가 지나서는 눈이 쏟아진 바람에 눈을 치우느라 수고하게 됩니다. 이는 우리 자신의 "집"을 포함하여 다른 사람들의 삶 속에 있는 문제를 다루되, 말씀과 기도의 벽―하나님의 도움으로만 문제를 해결할 수 있게 해주는 개념―을 세워 주지 못하는 것과도 같습니다. 그 벽이 없을 때 그들의 집은 세상 풍파로 무너질 수도 있습니다.

우리 모두는 주위 사람들의 삶 속에서, 그리고 우리 자신의 삶 속에서 세워 가고 있거나 그렇지 않으면 무너뜨려 가고 있는 과정에 참여하고 있습니다. 정지 상태를 유지할 수는 없습니다. 지혜로운 여자는 세우고, 어리석은 여자는 부수는 것입니다. 하나님께서 우리에게 지혜를 허락하사 우리 날을 계수하고 그분의 지혜에 마음을 고정하도록 가르쳐 주셔서, 우리가 그분의 영광을 드러내는 불후의 기념물로서 그분을 섬기기에 쓸모 있는 집을 그분께 선사해 드릴 수 있게 해주시기를 간절히 바랍니다.

"이로써 우리도 듣던 날부터 너희를 위하여 기도하기를 그치지 아니하고 구하노니, 너희로 하여금 모든 신령한 지혜와 총명에 하나님의 뜻을 아는 것으로 채우게 하시고, 주께 합당히 행하여 범사에 기쁘시게 하고 모든 선한 일에 열매를 맺게 하시며, 하나님을 아는 것에 자라게 하시고, 그 영광의 힘을 좇아 모든 능력으로 능하게 하시며, 기쁨으로 모든 견딤과 오래 참음에 이르게 하시고, 우리로 하여금 빛 가운데서 성도의 기업의 부분을 얻기에 합당하게 하신 아버지께 감사하게 하시기를 원하노라." (골로새서 1:9-12)

아버지 하나님,
베풀어 주신 모든 은혜를 진심으로 감사드립니다.
조이의 병을 통해 새로운 진리들을 깨닫게 해주시고,
… 또 조이를 치유하사
지금까지 놀라운 자유와 안정을 누릴 수 있게 하시니 감사합니다.
주님 자신이 바로 지혜이시며
주님께서 지혜를 주시고
주님께서 지혜를 세우신다는 사실을 가르쳐 주시니 감사합니다.
… 뿐만 아니라 주님께서는 제가 바라는 이상으로
제가 지혜로워지기를 어찌나 갈망하시는지요!
집을 세우는 데 필요한 진리를 보여 주시니 감사합니다.
이제 시작에 불과할 뿐입니다.
계속해서 가르쳐 주옵소서.
그리하실 줄 믿으며 감사합니다.
계속 가르쳐 주실 것에 대해 감사합니다.
저를 "세워 주는" 주위 사람들

남편, 린, 팀, 조이,
그리고 수많은 친구들과 친지들을 인하여 감사드립니다.
자신들이 상했을 때조차도,
그들이 신실하게 저를 세워 준 것을 감사합니다.
주님의 사랑과 인내와, 신실하심을 감사합니다.
무엇보다도 주님께서 저의 삶을 세워 주십니다.
주님을 사랑합니다.
아멘.

후기: 이 책을 적용하는 방법

잠깐 … 책을 덮기 전에, 지금까지 읽어 온 책의 내용을 잠시 돌이켜 보기로 합시다. 이 흥미진진한 경험들을 읽고 난 후, 나의 삶도 캐롤의 삶과 같이 되었으면 하고 바라는 것은 당신도 나와 같은 심정일 것입니다. 또한 당신은 삶의 "작은 일상사들"을 하나님의 지혜에 비추어 모든 면에서 주님에게까지 자라 가기 위한 디딤돌로 사용하고 싶은 기대로 가득 찰 것입니다. 그러나 나의 경우엔 이러한 열망도 몇 주일 정도 생각 속에 머무르다가는 점차 희미해져 가고 결국엔 또 다른 책으로부터 자극을 받아 다시 생각할 기회를 맞이하게 되곤 합니다.

캐롤은 우리를 그저 즐겁게 해주기 위한 목적이나 자기 자신을 나타내기 위해 이 책을 쓴 것이 아닙니다. 이 책에는, 우리가 적용만 잘하면, 우리 삶에 영구적인 변화를 가져다 줄 원리들로 가득 차 있습니다.

처음 몇 장을 읽으면서 내 마음속에 생생한 기억을 불러일으켜 준 것이 있습니다. 그녀는 언제나 전능자에 대한 지식을 얻는 데 우선순위를 두었다는 것입니다. 1950년대 말, 한 어린아이와 10-12명이나 되는 사람들을 돌보는 가정주부로서, 또한 팽창해 가는 사역을 감당해야 하는 책임에도 불구하고 그녀는 매주 두 시간 동안이나 혼잡한 로스앤젤레스 고속도로를 차로 달려 와서 나와 함께 성경을 탐구하고 토론하였습니다.

북대서양의 황량한 바닷물 위에 있는 빙산은 10%만 밖으로 나와 있습니다. 나머지 90%는 물 속에 있습니다. 이것은 어떤 의미에서 캐롤 개인의 삶에도 해당된다 할 수 있겠습니다. 다만 다른 점이 있다면 그녀는 차지 않고 따뜻하며, 사랑과 관심이 풍부하다는 것입니다. 그녀의 책은 단지 그녀의 10%만 보여 주고 있을 따름입니다. 수면 아래의 삶이 90%를 차지하고 있기 때문에, 그녀의 펜은 자유롭게 흐릅니다. 그녀의 삶은 자신과 주위 사람들의 삶 속에서 하나님의 역사하심을 이해하고자 하는 헌신적인 열망과 줄기찬 탐구로 일관되어 있는 것이 특징입니다.

당신도 이러한 삶의 자질을 발전시킬 수 있습니다! 바로 지금 하나님께서 당신의 마음속에 깨우쳐 주시는 사실을 그냥 지나치지 마십시오. 나는 시편 38:9에 나타난, 다윗이 발견했던 진리를 통해 항상 격려를 얻고 있습니다. "주여, 나의 모든 소원이 주의 앞에 있사오며, 나의 탄식이 주의 앞에 감추이지 아니하나이다." 바울은, "너희 안에서 행하시는 이는 하나님이시니 자기의 기쁘신 뜻을 위하여 너희로 소원을 두고 행하게 하시나니"(빌립보서 2:13)라고 말합니다. 바로 이 순간에도 하나님께서는 자기를 기쁘시게 하기 위한 "원함"과 "행함"을 다 주시겠다는 약속을 신실하게 이행하시려고 기다리고 계십니다. 하나님께서는 우리의 갈망이나 실패까지도 다 알고 계신 분이기에, 우리의 질문들에 대해 답하실 수 있습니다.

지금 잠깐 멈추어 기도로 주님께 나아가십시오. 지혜로운 여인이 되고자 하는 당신의 열망과 갈망을 주님께 아뢰십시오. 개인적으로 깊이 있게 주님을 아는 삶을 최우선순위로 삼겠다는 공적인 서약으로 당신이 짓고자 하는 집의 새 기초에 첫 번째 벽돌을 놓으십시오. 나중에 참고하거나 지금 한 서약을 상기할 수 있도록 하기 위해서 성경 여백(앞면이나 뒷면)에 오늘 날짜와 결단 내용을 기록해 두십시오.

캐롤은 빙산의 예에서와 같이 영감은 성취의 10%일 뿐이고 노력이 나머지 90%라는 사실을 확실히 보여 주고 있습니다. 지혜로운 여인이 되겠다고 하는 목표는 어떤 신비하고 순간적인 기회를 통해 이룰 수 있는 것이 아니라, 매일 매일 하나님의 지식을 생활에 적용함으로써만 가능한 것입니다. 여자들은 모두 자기들이 하는 일—설거지, 빨래, 쓰레기 치우기, 옷 손질, 운전, 식사 준비 등—이 매일같이 되풀이되는 뻔한 일이라는 것을 잘 알고 있습니다. 내가 자주 그러는 것처럼, 혹시 당신도 일거리들로 분주한 하루에 실망을 느낍니까?

당신은 미리 계획을 해서 영적 성장을 위한 시간을 매일 마련하고 있습니까? 캐롤이 말해 주고 있는 바와 같이, 우리의 개인적인 하나님과의 관계는, 하나님과 말씀 안에서 시간을 보내고 감춰진 보화를 찾듯이 주님을 탐구하며 전심으로 주님을 찾을 때라야 발전될 수 있습니다. 잠깐 멈춰서 마음을 가다듬고 "날마다 그 기뻐하신 바"(잠언 8:30)가 되고자 헌신한 당신의 마음을 되새겨 보십시오.

매일 하나님의 말씀을 생활에 어떻게 적용할 것인지에 대하여 모세는 이렇게 말했습니다. "오늘날 내가 네게 명하는 이 말씀을 너는 마음에 새기고, 네 자녀에게 부지런히 가르치며, 집에 앉았을 때에든지, 길에 행할 때에든지, 누웠을 때에든지, 일어날 때에든지 이 말씀을 강론할 것이며"(신명기 6:6-7). 말씀은 당신이 알고 있을 때에라야 당신에게 유익이 될 수 있습니다.

말씀을 배우기 위해 특정한 시간과 장소를 결정하는 일은 당신의 손에 달려 있습니다. 여러 가지 다른 일들보다 우선적으로 이것을 위해서 시간과 마음의 여유를 확보하도록 하십시오. 모든 일들보다 최우선적으로 그것을 하도록 하십시오. 교회나 지역 성경공부 모임에서는 하나님과 그 말씀을 아는 데 더욱 자라 갈 수 있도록 돕기 위한 기회를 많이 제공해 주고 있습니다.

캐롤의 첫 번째 저서 한 여인이 걸어 온 제자의 길은 여성들이 하나님의 말씀을 듣고, 읽고, 공부하고. 암송하며, 묵상하는 실제적 방법들을 자세하게 다루고 있습니다.

본서에서 캐롤은 지혜를 얻기 위해서는 지식을 증가시켜야 된다고 말합니다. 그러나 어떤 집도 하루아침에 지을 수는 없는 법입니다. 성경을 섭취함으로써 열매를 얻는 경험은 일생에 걸쳐 지속되는 과정입니다. 우리가 우리 자신을 있는 그대로 드리고, 매일 하나님의 지혜를 적용해 나갈 때에 날이 갈수록 더욱 경건한 생활을 즐길 수 있게 됩니다.

내가 알기로, 저자 부부는 결혼한 지 24년이 지나도록 집 하나 장만하지 못하였습니다. 그러나 캐롤은 그 기간 동안 효과 있게 집을 세워 오고 있었습니다. 한 치의 땅도 없이 말입니다! 그녀는 자기가 영적으로 "완숙해지고" 여건이 다 구비되어, 모든 자재와 방법이 다 준비되기까지 기다리지 않았습니다. 그리고 자기 자신의 삶에서 벽돌마다 제자리에 굳건하게 놓여졌을 때는, 자신의 건축 비결을 다른 사람들과 함께 나누었습니다. 결과적으로, 그녀는 집 한 채만을 건축했던 것이 아니라, 건축 작업 전체를 통괄하는 일에 기여하게 되었던 것입니다. 이 원리는 캐롤이 "영적인" 건축을 위해 한 여자와 정기적으로 만남으로부터 시작된 시카고 사역에 잘 나타나 있습니다. 곧 그 그룹은 5명으로, 조금 지나서는 20명으로 늘어났습니다. 시카고 노스쇼어에서 지금은 500명이 넘는 여성들이 캐롤의 노력으로 맺어진 성경공부 모임에 매주일 참석하고 있습니다.

자, 흙손을 집어 들고 기술을 연마하십시오. 그리고 하나님께서 단장하시는 것을 감사함으로 지켜보십시오. 비록 당신이 짓고 있는 집에서 첫 번째로 놓은 벽돌 위의 시멘트가 채 마르지 않았더라도, 당신은 그것을 통해 얻은 진리를 다른 사람과 함께 나눌 수 있습니다. 바로 오늘 함께 나눌 수 있는 사람을 주시도록 믿음을 가지고 하나님께 구하십시오. 우리는 자기 집만 짓는 건축자가 아니라, "하나님의 동역자들"입니다. 우리는 모두 건축의 대가 휘하에 있는 사람들입니다. "오직 세우시는 분은 하나님"뿐입니다. 고린도후서 1:24에 나와 있는 바울의 태도가 우리의 청사진이 되어야 합니다. "우리가 너희 믿음을 주관하려는 것이 아니요 오직 너희 기쁨을 돕는 자가 되려 함이니, 이는 너희가 믿음에 섰음이라."

나는 우리도 캐롤의 책에 제시된 지식과 지혜와 이해(명철)를 가질 수 있다고 확신합니다. 우리가 그것을 찾기로 결심하고, 그것을 얻기 위해 정도(正道)를 따라가기만 한다면 말입니다.

나는 예레미야 9:23-24을 다음과 같이 풀어 써보았습니다.

"학위를 소지한 여자는 그 지식을 자랑치 말라. 고매한 인격을 갖춘 여자는 그 성품을 자랑치 말라. 경력이 좋은 여자는 그 명성을 자랑치 말라. 외모가 빼어난 여자는 그 아름다움을 자랑치 말라. 크리스찬디올 옷장이 있는 여자는 그 가구를 자랑치 말라. 재능이 뛰어난 여자는 그 업적을 자랑치 말라. 아름다운 가옥을 소유한 여자는 그 집을 자랑치 말라. 여러 클럽에서 활동하는 여자는 그 박애를 자랑치 말라. 자랑하는 자는 이것으로 자랑할지니, 곧 명철하여 나를 아는 것과 나 여호와는 인애와 공평과 정직을 땅에 행하는 자인 줄 깨닫는 것이라. 나는 이 일을 기뻐하노라."

메리온 포스터
콜로라도의 Lost Valley Ranch에서

주

제 2 장

1. *Reader's Digest Family Word Finder* (Pleasantville, New York: Readers' Digest Association, Inc., 1975), page 834. Used by permission.

제 9 장

1. Anthony Pietropinto, M.D., and Jacqueline Simenauer, *Beyond the Male Myth* (New York: Times Books, 1977). pagc 243. © 1977 by Anthony Pietropinto.
2. Linda Dillow, *Creative Counterpart* (Nashville and New York: Thomas Nelson, Inc., 1977), pagcs 92-93.

제 11 장

1. Linda Dillow, *Creative Counterpart*, page 95.
2. Dr. Joyce Brothers, "Oldest Miracle Is Love," the *Colorado Springs Gazette Telegraph* (Knight News Service), March 15, 1977, page 9A.
3. Mary Susan Miller, "Do Men and Women Expect the Same Things From Marriage?" *Family Weekly*, May 8, 1977, page 18.

제 13 장

1. "Non-stop" by Lois Wyse, *Love Poems for the Very Married* (© 1967 by Lois Wyse), page 41. Reprinted by permission of Harper

and Row, Publishers, Inc.
2. Linda Dillow, *Creative Counterpart*, page 97.

제 15 장

1. Charlie Shedd, *The Stork Is Dead* (Waco, Texas: Word Books, 1968), page 18. © 1968 by Charlie Shedd and the Abundance Foundation. Used by permission of Word Books.

제 16 장

1. With permission. From *Webster's New World Dictionary*, Second College Edition, © 1978 by William Collins and World Publishing Co., Inc., page 338.
2. Howard G. and Jeanne Hendricks, "Preparing Young People for Christian Marriage," in *Ventures in Family Living*, edited by Roy B. Zuck and Gene A. Getz (Chicago: Moody Press, 1971), page 54.
3. Charlie Shedd, *The Stork Is Dead*, page 28.
4. Shedd, *The Stork Is Dead*, pages 20-21.

제 18 장

1. Darold A. Treffert, M.D., "Five Dangerous Ideas Our Children Have About Life," *Family Weekly*, September 19, 1976, pages 22-24.
2. Mary Susan Miller, "Teen Suicide," *Ladies Home Journal*, February 1977, pages 74-76. © 1977 LHJ Publishing, Inc., reprinted with permission.
3. C. Jackson Rayburn, M.D., "A Doctor Tells: The Blessings of Fear,"

Christian Reader, October-November 1966, pages 49-50; reprinted from the *Christian Medical Society Journal*.

4. Rayburn, "The Blessings of Fear," page 51.

제 20 장

1. Copyright 1978 by United Features Syndicate, Inc., used by permission.
2. Vonette Bright, *For Such a Time as This* (Old Tappan, New Jersey: Fleming H. Revell Co., 1976), page 54.

제 21 장

1. Mary Mitchell, February 1978 calendar from Multnomah School of the Bible, Portland, Oregon.

본서는 미국 NavPress와의 계약에 의하여 번역 출간한
것이므로 본서의 전부 또는 일부의 무단 복제,
또는 원문에 대한 무단 번역을 금합니다.

주여, 지혜를 가르치소서

초판 1쇄 발행: 1984년 2월 1일
초판 9쇄 발행: 1996년 8월 1일
개정 1쇄 발행: 2005년 2월 15일
펴낸곳: 네비게이토 출판사 ⓒ
펴낸이: 조 성 동
주소:120-600 서울 서대문 우체국 사서함 27호
120-836 서울시 서대문구 창천동 497
전화: 334-3305(대표), 334-3037(주문), FAX: 334-3119
출판등록: 제10-111호(1973년 3월 12일)
ISBN 89-375-0274-7 03230

이 도서의 국립중앙도서관 출판시도서목록(CIP)은 e-CIP 홈페이지(http://www.nl.go.kr/cip.php)에서 이용하실 수 있습니다.(CIP제어번호2005000025)